JN440291

나의 수많은 근처들

김만수 시선집

시인동네 시인선

심만수 시선집

나의 수많은 근처들

시인동네

시인의 말

수많은 근처의 근처로 얼쩡거렸다.
거기에는 철 따라 파랑 달개비꽃이 피었고
눈설레가 쳤다.
눈물과 그리움의 안개 자욱했다.
그늘 속 근처들은 자주 가득 차 있거나 텅 비어 있는 것인데
그들은 잠들어 있는 것이 아니라
끊임없이 무슨 신호를 날려 보내고 있었다.

낡고 상한 나를 데리고 가만히 근처의 근처로 선다.
열 권의 재미없는 시집을 내면서
늘 푸르게 깨어있는 그들에게
부끄럽고 미안했다.

노을 젖은
사소하고 아무것도 아닌 나를 데리고
다시 나의 수많은 근처의 근처로 선다.

자꾸 뒤돌아봐야 할 것들 따라오고 있다.

2023년 9월 시향채에서
김만수

차례

제2부 다시 삼포(森浦)

제3부 밥 한 그릇

제4부 나의 수많은 근처들

제5부 늦은 나무를 심었다

제1부

아무것도 아닌 것에 대하여

목간(木簡)

이슬처럼 머물다
먼 강물 소리에 묻어가는
그대를 따라갑니다
사랑은
아슬한 굽이마다 내걸린
희미한 등롱이었지요
그대 사랑하는 저녁을
여기
마디마디 새겨 보냅니다
청댓잎 새순으로
다시 피어오르시어
푸른 마디마다 매단
눈물방울들
보십시오

미소
—순장(殉葬)

그녀의 눈빛이 환해졌다
횡구식 석실 안
은빛 나비가 날았다
싸늘한 주검 곁 가만히 누워
나비를 응시하다가
그녀의 해맑은 눈은
그 나비를 따라 움직이고

출산을 경험하지 않은 열일곱 처녀
고운 알젖에서 깨끗한 자궁에서
수천수만의 은빛 나비를 끄집어내
날리기 시작했다
어둠 속 천년을 그리 나비를 날리며
잠들지 않았다
반듯이 누운 채 살포시 웃고 있었다

잡히지 않는 그녀의 영혼을 핀셋으로 끄집어내
법의학적 판단과

미토콘드리아 디엔에이 검사를 하는 연구실 밖
봄 배추밭 머리로
참알락팔랑나비 한 마리
포롱포롱 날아가는 아침이다

아무것도 아닌 것에 대하여

아무것도 아닌 것들
여기저기 내몰리며 바람구멍 숭숭한데
아무렇지도 않게
다시 가을이 간다
여름 내내 취우(驟雨) 맞으며
아무것에 대해 떠올리다
웅그린 얼굴로 주저앉은
바보여뀌를 생각한다

아무것도 아닌 것을 일으켜 세우고 함께
가득 아무것도 아닌 것이 되어가고
편안해지는 즈음
세상은 아무것도 아닌 것에 대해
아무렇지 않게 여기고
조금씩 너그러워지거나
무관심해지고 있는 것을 안다

아무것도

아무것도 아닌 모든 것들이
늦은 비에 젖고 있다
한때는 제법 아무것인 척했지만
그때마다 버려져 서성이는 저녁이
쇄골에 고여 드는 희한한 소문들이
반짝 보였을 뿐
그대로 편안하고 아무렇지 않게
아무것도 아닌 것으로 남아 있다

마지막 미션
—카시니 하위헌스*

죽음의 다이빙

7년을 날아가 검은 별과 마주한 후
기름 냄새 가득 찬 낡은 거죽을 안고
그는 죽었다
그의 장례식은 쓸쓸한 다이빙을 보는 것이다

화염 두르고 몸 던지는 그를
오래 앉았던 나무의자와 돋보기안경을
정신을 꿰어오던 빛의 화살을
오지랖에 싸안고 뛰어내리는 그를 본다
타이탄의 빛나는 눈물과 거수경례를 뒤로하고
하나의 양철 조각이 되어
깊은 은하로 내려앉는 것이다

사방이 시린 직벽
빛 조각들 모아 집을 얽고
끝내 어두운 빛 부스러기로 흩어져 가는 그를

팬지 꽃문 닫히는 저녁
초록별 창밖 그늘 설핏 지고
책상 왼쪽 잉크병 잔잔히 흔들리는 저녁
팔방으로 날아가
몇 개 점으로 흩어져 버리는
쓸쓸한 다이빙
카시니 하위헌스

---

*토성 탐사선.

월성(月城)

몸을 조금 비틀어
서천(西川) 건너는 달을 바라본 걸까
서쪽 문지(門址)에 누워
온몸으로 성(城)을 떠받치며
반달이 된 사내들

북쪽 해자(垓字)엔 토우(土偶)들
휘적휘적 물 건너는 소리
화강암 각을 떠서
제국을 이뤄가는 자들 종종걸음 소리
어허 달구
노을 속 토꾼들 회다지 소리
감감해지는데

어쩌는지
도무지 잠이 오지 않는 밤
몰래 성루에 오른 어머니
형산 아래 띠집으로 돌아간 걸까

느릅나무 가지 헤치며 여드레 달
서천 건너는데
어쩌는지

고라니

고라니고라니고라니
고라니라고 중얼거리다 보면 보인다
보현산 참새미
굴러오는 물방울 더미

저쪽 고구마 밭머리 멀뚱하니 선 채
먼 하늘
아득히 따라가는
눈 맑은 수수꽃다리 너

보급투쟁 내려온
어린 파르티잔 같다

사소함에 대하여

잘 보이지 않는다
점같이 작은 꽃들이 피었다 져도
서로 뭉치지 않도록 생각에서 밀어내며
금방 다른 사소함으로 옮아가며
사소한 것에서 내리고 있다
지루하다고 느끼지 않는다 무심히
창이 열리고 닫혀도 자꾸 사소한 일이라 여기며
편안함에 깊이 빠져들어 지워져 버릴지도 모른다는
두려움도 없이 그냥 사소하게 남겨질 뿐
사소함이 사소함으로 머물러 있는 것은
별 간섭을 받지 않는다
움직임 없이 그저
주목받을 만한 소리도 품지 못한 채
가만히 눈 뜨고 있는 것이다

왕의 길

— 신문왕(神文王)

아버지 나무 물결 타고 가신 길
나도 갑니다
물의 뼈를 일으켜 세운
당신의 차가운 궁전까지
걸어 서천 건너는 반달 함께
요석의 법주 한 병 차고
수릿재 단풍 물결 따라 오릅니다

월정교 나무 회랑에서
당신이 본 건 무엇입니까
해룡(海龍) 타고 요동의 삼림을 건너는
제국의 불꽃이었습니까

추령(楸嶺) 넘어오는 기별 기별들
하늬바람 일렁이는
월성(月城) 계림(鷄林) 지나
대번 바다 물결 속 옥대(玉帶) 하나
푸른 대피리 하나 건지러

기림(祇林) 선원(禪院) 독경 소리 밟으며
함월(含月) 자락 오릅니다

4월 경주

여왕은 울주를 바라보며 말이 없고
기차를 세우지 못한 시종(侍從)들
낭산 올라와
차가운 밥을 먹고 있다

그녀에게도
울컥 울컥 달려오던 사월 길이 있었지
참꽃 더미 무너져 드는 길
왕도 밖의 길
여자의 바다로 가는 길을
냉이꽃 피는 언덕길을 내려가고 싶었지

뒷등 너머 능
아버지 진평의 집이 붙들고 선 들녘으로
뿌연 봄이 지나는 길 위로
기적 소리 자근 물고
낮달이 가고 있다

미실도 월명도 타고 떠난
바다로 가는 기차
미칠 것 같은 사랑이 떠나는 4월 플랫폼에서
사르랑 지는 꽃들을 따라가고 싶었지

사천왕사 빈터
구름 역사(驛舍) 개찰구 밖으로
냉잇대가 또 쇠고 있다

국도(國道)
—등본

등본 속으로 겹겹이 눈이 치고
말소와 등재가 거듭되는 동안
아버지와 나는
갑종 혹은 1종 등짝을 맞고 삼 년씩
나라에 나갔다가 등본으로 돌아왔다
살아서
다리 잃지 않고
푸른 스탬프 찍힌 이마로 돌아와
제자리에 꽂혔다
가끔 A4 용지에 프린트되기도 하는 나의 가계
내 이름자 아래 위로 걸쳐져 있는
부양의 몫이 겨울처럼 무겁다
아득한 물가로 다시 눈이 치는데
저 눈을 헤치고 보충대로 아이를 떠나보낸 아침
구룡포 읍사무소 양철 캐비넷 속
세로 먹물로 응고되어 있는
알 수 없는 번호에 물려 다니며
치료되지 않는 희망이 아직은 달라붙어 있는

서랍 속의 가계를 생각한다

질기고 아프다

거친 눈발 속 또 체부가 오고 있다

다시 크리스털

극지 아닌 데가 어디 있겠느냐
디디고 선 곳이 다 아슬하다
사방으로 몰려가 추락하는 바퀴들과
다시 돌아가지 못하는
다친 새들의
저 쓸쓸한 비행을 보아라

눈썹 아래 매듭을 묶지 말아라
펄럭이는 깃발 속에는
얼룩진 은화(銀貨)와
매의 눈이 박혀 있다
저기까지일 거라고
붉은 노을을 따라가지 말아라
편집된 길에는 민들레가 피지 않고
알록달록 범람하는
봄이 마르고 있다

바람 이는 남새밭머리 쪼그리고 앉아

가슴속 푸른 녹을 닦으며
그렁그렁 눈물로 견디거라
잔해같이 살아온 시간들
바람이 쓸어 가버린 거기
눈 물 방 울
얼음새꽃 총총 피어날 것이니

첫 그릇

아내의 찬장에는
연지 지우며 동개놓은
그녀의 첫 그릇들 가지런합니다
단 한 번 오목한 미소도 훈기도 담아내지 못한
유리 화채 그릇이며
본차이나 빨간 찻잔이며
꽃 지는 노을 속 아직도
자국눈 내리는 저녁 속 아직도
첫 손님 기다립니다
평생을 그렇게 기다리며
견딥니다

망천리(望泉里)

문을 조금 열어 두거라
돌아와야 할 발자국들 많이 있는 거다
그림자 감추며 가만히 다가오는
그들을 위해
빈 들판은 가득 자기를 비우며
바람을 모으지 않느냐
꼿꼿이 몸 세우고 내려오는 별빛들
거센 들바람 견디며 반짝이지 않느냐

기울어진 문을 조금 열어 두거라
아무도 보이지 않고
가을보리 싹 기척이 없고
들머리 안개 더미 갈수록
자오록하다 해도
해토머리 쓸쓸한 그림자 안고
끝끝내 그들은
돌아올 것이므로

덕조 아재

그는 아직 위험하지 않다

묵은 빚이 좀 있긴 하지만
새털 세월 뜯어내며 자주
안녕하시다

청춘이 말소되어 가는 여자들이
가을을 만지며 우는 밤을 기다려
그는 가끔씩 가을 모자를 쓰고
버스를 기다리는 것인데
넥타이 매고 삼거리에 나가서는 날이면
포구가 온통 환하다

아버지가 복어 떼를 몰고 돌아들던 여밭
지워져 가는 바다를 건져 올려
몇 개의 가을 바다와
울렁거리는 계좌를 일으켜 세우는 덕조 아재

새벽마다 자욱한 해미 더미 휘어 쥐는
그는 충분히 위험하지 않다

기린
—마리오 에이스*

잘 가요 에이스

수선화 하얀 빛살 자오록한 울타리 위
쫑쫑새 울음소리로 열리던 아침
목 꺾어 당신과 함께한 시간들 참 따스했어요
아침마다 당신의 품에서
날아오던 고운 나비가 있었어요

타래로 열리던 아래 세상
밝은 빛과 초원 너머의 얘기들
참 좋았어요
그 얘기는 자주
토요일 저녁까지 이어지곤 했어요
천상의 울림이었어요

눈이 치고 소소리 바람이 닫아가던
차가운 울타리 밖으로
대령의 검은 찝차가 사라질 때까지

당신의 푸른 등을 따라갑니다

고마웠어요 에이스
더 멀리 바라볼 수 있도록
뼈를 일으켜 세워준 에이스

잘 가요
마리오 에이스

---

*뇌종양으로 죽은 네덜란드 로테르담 블라이도르프 동물원 사육사.

시선

그 봄날 화염 속
잃어버린 가죽신이었는지 몰라
그녀가 응시하는 곳은
오월 붉은 하늘이었는지
몸을 타고 흐르는
따뜻한 사랑이었는지 몰라
견고한 지평이었는지

오늘 여기 물 치는 외딴 섬 언덕
꼿꼿이 발목 묻고
흡뜬 눈
푸르게 장전하는 탄환들
많은 것 제자리에 옮아 가버린
빛나는 거리와 장군들 향해
다시 낮은 들녘부터 이울어가는
젖은 산하를 꿰뚫고 있는지 몰라
매물도 휘돌아 나와
드세지는 너울 속 흐르는 나라 향해

푸르게 불타는 눈빛
미치도록 던지고 있는지 몰라

달개비꽃

고운 볼 뼈가 피워올린
봉숭아 꽃밭이 뭉개졌다
서낭에 바람 들이치고
노을 멍들던 날
떼 화살이 날아와
아득히 날리어 와
그녀의 몸에 박혔다
개털 같은 씨앗들이 몸에 쌓이고 쌓여
은하를 건너
초승달이 된 소녀

그날 아침
군도(群島)의 참호에서 끌려 나와
주저앉은 광대뼈 주억거리며
두 팔 들어 어머니를
만세를 부르던 아픈 꽃
파랑 꽃
달개비꽃

무인(拇印)

아직도 신용의 끝자리에는
엄지손가락을 놓으신다 아버지
조약도 협약도 맺을 일 없는
성문 밖 흙 벼랑 아래
늘 제국의 공사(公使)같이 꼿꼿이 기립해 계신다
학창시절 그의 무인을 몇 번 받아내
학교 갖다 바친 적 있다
어린 전답을 맡긴 당신의 절대적 신용의 증표였다
쩍 쩍 금이 간 거친 결 따라
마을의 송사(訟事) 몇 건과 청원(請願) 몇 가지가
반듯하게 지나갔다
그 손가락 끝에 단단히 붙어 있는 몇 마지기
그의 마지막 영지들 아직은 무사하고
또 샛강은 풀려 그 땅에
봄물 들고 있다

주소

팔십년대 초 내 주소는
인천만 소래마을 어디 사서함이었다
짠밥 묻은 가슴 깊이 날아오던
가을 풀씨가 있었다
구십년대 초 내 주소는 우현동 산33 공동번지였다
분필가루 허어연 반점들이 혐의로 박혀 있는
X—레이 사진 뒤에
내 오줌의 흔적과 합철되어 있다
이천년대 초반 내 주소는 말소되어 떠다니고 있다
멸치횟집 선일옥 장부에는 김사장님으로
주점 간이역 낮은 의자 위에는 김시인으로
교구 담당 전도사 수첩에는 술 잘하는 김집사님으로
북부경찰서 교통과 발부 스티커에는
1종 보통 경북—85—003090—00으로 인식되는

주소가 없다
참잘하고 따스하게 핏덩어리 덥혀주던 어머니 양수
한 줌에

더러워진 머리부터 적시고 싶은 오늘은
주소가 없다

가을 시항채

학산사 솔숲에서 딱새 떼 날아들면
조금씩 할증되는 가을

마른 꽃을 흔드는 저녁 바람과
먼 강 따라나서는 불빛들이
창(窓)을 떼어내 메고 가는 걸 바라본다
강가의 여자들 떠나고
나는 대책 없이 서성이다가
다시 낡은 부속으로 돌아가 꽂힌다

밀물처럼 은행잎 쓸려오면
남자들의 연체된 시간과
아낙들의 닳은 산호가
얼마 남아 있지 않음을 알 것 같다
그들은 더 가난해질 것이고
저녁 기차를 기다릴 것이다

모든 결핍은 고요하고

남겨지는 것들에는 깨진 동라(銅鑼) 소리가 난다
슬밋슬밋 어둠의 쇠못 돋는 장성동
거기 없는 나를
가만히 걸어놓는다

목련 기차

산역(山驛)
눈보라 속
자욱한 눈바람 밀며 오는
엔진 소리 들리면
오래 서 있던 숲정이 갈피마다
창을 내리고
등불 하나씩 내겁니다

누군가 전설이 새겨진
하얀 꽃잎을 건네며
사부자기
순은(純銀)의 단추를 여미는 밤
가지 끝마다
기차는 와 닿아
세상을 향해
환한
개찰구 엽니다

제2부

다시 삼포(森浦)

산내통신

그 겨울 동안 체부는 오질 않았습니다
낡은 가죽 가방의 그가 편지였던 시절도
꼴삭한 햇살과 걸쭉한 입담이
등기처럼 배달되던 때도 있었습니다
느릅나무 이파리들 불티처럼 날리어 가고
푸른 알을 낳던 숲에는
젖은 가랑이를 말리는 감나무들 처져 섰는데
아무도 그 마을의 소식을 빼내 가지도
거친 눈발 속에서 빚어진 일들을 입에 올리지도 않았습니다
털갈이를 앞둔 개 몇 마리 얼어 죽은 일과
캄보디아 색시가 새벽 운문재를 넘어간 일이며
조합장네 사위가 바람난 일
걸어서 건너는 저 시린 겨울을
아무도 유심히 보질 않았습니다
노망기 도진 할머니가 연신 숟가락을 빠는 동구 앞에는
되돌아오지 않는 눈발
다시 치고 있었습니다

광장에서
—바보처럼

다시 멀고 먼 남녘 길 나서는
침묵과 순례의 거친 길에 든 그를
더끔 더끔 깊어지는 어둠 속으로
그 어둠의 뜨거운 그늘이 되어
뜨거운 정표 한 장 쥐여 주고 떠나는
그를 본다

산정(山頂)
캄캄한 그 꼭지에서 물구나무서서
핏물 몰리는 눈으로 세상을 바라본 사람
때로는 후두둑 무너져 내려
깍지 끼고 꿇어앉아
어둠 속의 어둠을 함께 울어준 사람

훌훌히 떨치고 가는 남녘 길
그의 등 뒤에는
여전히 거친 삼남(三南)의 눈이 치고
일어서지 못하는 불구의 저녁이

자꾸 깊어지는데
어떤 불빛도 따스함도 돌아오지 못하는
차가운 아스팔트 위에서
홰꾼들 무더기로 오월의 푸른 불을 밝히는
거기 광장 구석에서
휘익 뒤돌아보는 그를
바보처럼 웃고 선
그를 본다

편지

이 층 교무실 창가에서 보았다
하늘이 자꾸 내려앉고
왜 저리 은사시 잎들이
소리 없이 지는지

시월 그믐날 이감(移監) 간다는 소식 전해준
네 어머니 편에
사식비 얼마 보낸다
송구골대 너머 먼 아치골
희끗희끗 파꽃이 지면
우리는 다시
겨울날 준비를 하며
눈물보다 단단한 칼날을 품는다

두 눈 부릅뜨고
지켜서야 할 땅
너와 내가 발목 묶어
불알 덜렁이며 달린 운동장에는

먼 길
낮달이 혼자 간다

소포

그를 점령하고 있는 시간이 기울고 있다
흔들리며 다가오고 멀어지던 것들이
정물로 굳어지며
초점을 하나씩 품고 선명해졌다
그의 소유는 빈약하고
구름나무에 걸려 있던 소품들은
자주 새들의 몫이었다

한 번도 우체국에 들지 않았다는 그도
점점 통증이 휘발된 정물로 굳어지고 포장되어
푸른 잉크 스탬프를 맞고
먼 소포가 되어
부쳐지고 말 것이다

더 가벼워지려는 건지
자꾸 눈을 껌벅여 결박을 푸는
그를 내려다본다

소리내기 3
—급훈

정직하고 용기 있는 사람 되자
급훈 달면서
와글와글 1학년 교실 벽
교탁 밟고 올라서서
못을 박으면
보이는구나
숫기 없는 얼굴들의 희망
군데군데 뚫린 못 구멍마다
보이는구나 좋은 세상

걸찍한 급훈
손바닥 찡하게 돌로 박으며
쓸쓸히 바람이 눕는 어둠의 땅
창밖을 보면
들리는구나 창을 넘어
정지기밥머겨주나
정지기밥머겨주나
벽을 넘어 들리는구나

왕릉다방

낡은 나무집 2층에 매달린 나무계단
출렁거리는 그 물결 위에 방이 있다
종일 어린 처녀들 스쿠터로 뛰어내리는
서천 하늘가에 오랫동안 지어가는
방 하나 달려 있다

잠자리 날개 팔랑거리며 내려온 그녀들
왕릉 가를 돌며 종일 커피를 탄다
그녀들 지어가는 옥탑방에는
왕릉으로 통하는 길이 있고
그 봉분 속으로 깊이 찔러대는 불빛이 있다
그 불빛에 반짝이는 곡옥(曲玉) 같은 아이를 키우며 사는 그녀들
등기되지 않은 스펀지 방
안개 방
또각또각 지어가는
그녀들의 방

비 내리는 역전광장 가로지르며
애물결나비 한 마리
왕릉으로 급히 돌아가고 있다

에이란 쿠르디*

거기에도 갯매꽃은 피어 있는 거니

영혼이 빠져나간 곳에
조국은 너를 데려가지 못하고
에게해 찢어진 물 위에 너를 얹고
지나가 버렸다
주검으로 엎어진 물 위에 엎드려 들여다본
화려한 지구의 안쪽은 평안하니
거기도 살벌한 국경과 가시 돋친
바리케이트와 평화 조약
수갑과 발길질이 있고 로켓포는 날아오는 거니
올리브 나무들이 가려주지 못한 총구와
다국적 헤리들이 실어 나르지 못한
수많은 쿠르디들이
엎어진 바다
흐린 물속에 보이는 거니

좁은 등짝 붙은 발

어린 디아스포라

쿠르디 에이란 쿠르디

---

*에게해 해변에서 엎어진 채 주검으로 발견된 3세 된 시리아 난민 소년.

마지막 풍경 1
— 장성동

바람 속 거친 찔레순 따라
세찬 물목 몇 건너온 그녀들
목젖까지 찰랑거리는 숨소리
희한한 세월의 포장지를 더듬으며
그 속에서 삐져나온
뼈를 세워가는 자손들을 훑고 있다
무릎이 젖는 골목골목 속에서
쉬 빠져나오지 못하고
마지막 풍경이 되고 있다

H건설이 따뜻한 보금자리로 모시겠습니다

펄럭이는 플래카드 따라
낮은 위성 불빛 빙빙 도는
저녁 장성동
누가 또 봉고차 가득 세간을 싣고
그리운 풍경 하나 복사하고
떠나고 있다

다시 삼포(森浦)

다시 삼포로 가야 한다
날쌘 스쿠터 타고 한나절
버린 개들과 신발 잃은 누이들과
펄럭이는 헌책들과
낡은 사과나무 둥치들과
멈추지 않는 컬러링과
차이는 인문학들과
낡은 광장과 찢긴 깃발들과 파란 촛불들과
연착된 택배 상자들과
세상을 걷어차며 기어오는 미세먼지들과
냉천 삼거리 꺾어 돌고 참새미 지나
헌 아랫도리와 쇠약한 배터리들 버리고
참다랑어 떼 휘어져 들고
인동넝쿨 먼저 기어가는
삼포로 가야 한다

후산압도*

천국에 이르는 길은 멀지 않다
후산압도
장약으로 두른 폭탄 조끼 걸치고
수천수만의 압도로 다시 태어나기 위해
붉은 먼지 속으로 걸어가는구나
저 자본의 성벽을 향해

젖과 꿀이 흐르는 맨해튼에도
골란고원에도 없다 압도
흙 벼랑에 뜬 달에 대해
거기에 흘러내린 선지자의 피에 대해 가르쳐준 랍비는
허물어지는 아침 내내 말없이
파리를 잡고 있다

어린 당나귀들이 밟고 다니는 팔레스타인
아침마다 아버지의 무르팍과 손바닥에 달라붙어 있는
팔레스타인
저리 붉은 순례의 깃발 끝없이 몰려가는

팔레스타인 팔레스타인
어디에도 희망이 있고 희망 없는
저 깊은 성벽을 향해
거기에 박힌 수많은 총구를 향해 걸어가는
최후의 무슬림
후산압도

---

*2004년 3월 24일 자살폭탄공격을 시도하다 이스라엘군에 잡힌 팔레스타인 16세 소년.

청령포 1
—단종

서강(西江) 에돌아 나가는
구름을 쏘지 마라 시종(侍從)아
청벽 아래 남생이들 용소를 떠나지 않겠느냐
밥풀 묻은 자주감자와
삭정이 부러뜨리는 소리가 정말 싫구나
사벌평 강 언덕 관란(觀瀾)의 서찰과
함지박 이밥은 흘러왔느냐
빈 바가지는 되돌아갔느냐
찢어진 갓을 깁지 말고
젖은 무명옷을 노을 묻은
관음송 가지에 널어라
건너편 각한치(角汗峙) 고개 너머로
저리 유성이 지니
아내 송씨의 찢어진 회장저고리가
텃밭에 펄럭이는구나
적소(謫所)의 푸른 밤이 깊어도 시종아
사슬을 벗으려고
수평으로 화살을 재지 말아라

고등어

수심 10미터가 그들의 길이다
길이 물고 물리며 호미곶을 지난다

고요하다고요하다

아버지는 푸른 고등어였다
늘 그만큼의 깊이에서 자전거를 밟은
등 푸른 인민으로 살았다
봄이 와도 부상하지 않았고 한결같이
간이 잘 배인 살갗과
구수한 등골이 해체되곤 했다

지난겨울 그의 별 서쪽 바다 가생이
속 물살 가르며
페달을 밟고 가는 그를 보았다

고요하고 고요한

풍경
—밍크고래

거꾸로 매달린 채
말이 없다 그는
검시가 끝나자 해체 분할되기 시작했다
꼬르륵 꼬르륵 허파에 찬 물이 내려가는 소리와 함께
공기방울이 동쪽으로 몰려가는 소리가 났다
묶인 몸을 따라왔던 갈매기들 하나씩 돌아가고
그도 어둡고 낡은 바다로 빠져나가
그에게로 돌아가고 있었다
아직은 따스한 젖몸
흩어지는 몸의 부속 조각들 위로
찢어진 어판장 양철 지붕 사이로
유쾌한 봄볕이 뛰어내리고 있었다

바닷가 부족들은 그물을 꿰매며
다시 배를 띄워
곧 근처를 배회할 것이고
아무 일도 없었던 것처럼
어린 새우 떼들이 바람같이 몰려다니는

물목에 엎드려

푸른 바다를 해체하러 떠날 것이다

아무도 햇살 바다를 향해 문을 열지 않는다

길이 하얗게 봉해져 있어 보이질 않는데
티비에서는 며칠째 희망 없는
희망 회로를 돌리고 있다

천년이 온 서쪽이 어둠 속에 가라앉고
대책 없이 사다리를 내거는 사람들과
주술에 걸린 돼지들이 바다로 몰려 간다고
가짜 회로를 만드는 사람들
별을 깎다가 스러지는 사람들이
바다가 보이는 창가에 둘러앉아
설탕을 녹이고 있다
그들의 나라는 컵 속에 가라앉고
아무도 햇살 바다를 향해
문을 열지 않는다

소지(燒紙)도 없이 건네받은 사랑
허망한 정표를 내려놓고
영혼이 떠나간 저녁

잔여 생의 개평을 뜯고
독주(毒酒)를 나눠 마시며
화투를 치는 사내들 바쁘다

어디로도 푸른
바다로 가는 길이
보이지 않는다

여남 바다

짙은 해미 속 징소리가 밤새 울렸다
축항 끝 외등이 부표처럼 떠 뿌옇게 흔들리는
오월 초사흘 밤
차일 속 여인네들 가물가물해지는 밤을 열고
바다 뒤의 바다로
바다 밖의 바다로
스티로폼을 타고 흘러가고 있었다
그들 함께 처박히고 뒤집어지며 물질했던
무너미 여밭
몽땅한 몇 뼘 그물과 통발을 내렸던
설머리 바다로 내려오는
길은 열리지 않았다

청룡도로 베고 호접부채로 부치며 간절히 부르는 길로 그들은 쉬 이르지 못했다 여밭 자망에 납줄이 걸려 죽은 해녀 승호 어미도 새벽 물 보러 나갔다 돌아오지 못한 파도횟집 조 선장도 그리운 포구로 그리 수월히 돌아오지 못했다 수산학교 언덕 너머로 불이 꺼지기 시작하는 즈음 한 접시 햇수박과 돼

지머리 위로 샛바람이 돌고 두렁박 망실이 동쪽 바다로 날리어 가는 자정 무렵 그들이 왔다 칼날 진 초승달빛 묻힌 뽀오얀 발걸음으로 흔들리는 대나무 끝을 밟고 붉게 찢어진 소리로 왔다 그들의 길을 아는 죽천 아지매 설머리 할매들 몇은 졸고 포구의 전마선도 목 엮어 잠든 물가로 스르르 내려왔다 승호도 승호네도 그 소리 만지며 울고 혼을 놓고 쓰러진 월포댁을 찰랑찰랑 물결이 건드리며 우는 여남 바다

그 붉은 소리 금세 떠나고
수산학교 울타리 흐드러진 밤꽃 냄새
징하게도 밀려 내려와
낡은 여자들의 속곳 속으로 복장 속으로 파고드는
오월 여남 바다

봄 청게리

연두 창(窓) 열고 오시나요
나루는 아득히 열려 있고
충만한 침묵의 시간들이
겨울 숲을 건넌 배를 밀어 올립니다

캄캄하고 차가운 문 안쪽에 서서
물질들이 어떻게 홀로 시간을 견디는지
그 시간들이 얼마나 막막한지 보았습니다

문이 살며시 열리고
어둠 밀며 드는 빛살들의 입자가
깊이 스미며
저들의 음울한 습생들이 휘발되어 버리는
하여
처지고 지친 침묵의 시간을 벗을
그 어느 날을
당신의 푸른 소매에서 봅니다

준서네 기차

괴발개발 〈수서에서 파리까지〉라고 쓴
어린 역무원은 잠들고
반짝이는 별밭에서 별밭으로
길은 열리고
탄소 제로
그의 화이트 트레인은 밤새
달리고 달려갈 것이다

등기 안 된 그의 영토들과
다국적 자동차들과
찌걱거리는 퀵보드와
반짝이는 천사 신발들을 싣고
수서에서 파리 올림픽 공원까지
기차는 느리지만 기어이 가닿을 것이다

화이트
화이트 트레인
준서네 기차

노길이

신발보다 싼 타이어를 팔고 있다
엠비씨 건너 모텔 모서리에서
털거덕거리는 세상에
바퀴를 달아주고 있다 노길이
나는 그가 거기까지 타고 온
폭우 속의 바퀴를 본 적이 있다
신발만 한 바퀴에
빗물 섞인 울음을 차곡히 모아
거기 소리 없이 속도를 붙이고
가만히 굴려보는 일을 하며 건넌 서른 해
지금도 둥근 바퀴들이 바쁘게 굴러다니는
그의 가게에 서면
철거덕거리는 바퀴를 만지고 만져
부드럽고 매끄럽게 미끄러지는 법을 일러주는 그의
작고 다부진 어깨가 보인다
거친 한 생을
빵구 나지 않은 한 생을 씽씽
신발보다 싼 바퀴를 얹어 가라고

행길 향해 동글동글한 미소를 날려 보내는
노길이

그들

길을 잘라내며 후다닥 뛰어가는 그들에게
화급히 언덕을 건네주고 비켜섭니다
직선으로 다가온 바람이 정면으로
그들을 후려쳤지만
흔들리는 길을 틀어쥐고 출렁이며 개같이
그들은 갑니다

황금나무 숲에서 고기를 구우며 히히덕거리다
가시나무에 찔리고 독주에 빠진 그들
행복하게 눈을 잃었습니다
젊고 아름다운 그들의 정부(情婦)는
가끔씩 안녕하고
안녕하지 않습니다
아름다운 폐허에 취한 그들은
가을이라는 채권으로 사랑을 사곤 하지만
금세 매진되고 녹슬어
폐지가 되어가는 걸 봅니다

낙엽을

폐지라고 우기던 시인 같은 사람이 있었습니다

길
— 거북

밤새 우리 초롱이 달여주는
산소 물방울이 끊었다
결국 놈은 물에 들지 않고 죽었다
뒤집힌 아내가 들려 나간
유리그릇 속 마른 돌 꼭지에
자기를 결박하고는
그렇게 며칠
숨을
줄여나간 것이다

제3부

밥 한 그릇

동해국민학교

여전히 그들은 산죽(山竹) 같은 국민이다

아득한 흑백 사진 속에서 걸어 나와
관광버스 춤을 추거나
질박한 리본이 되어 세상 한쪽으로 흔들리거나
그들만의 신호로
유년의 바람을 호명하는 것인데
비록 궁촌(窮村)에 살아도
북풍한설 비켜서지 않고
가진 것 별로 없으나 손 오므리지 않는 그들
한 움큼씩 햇살 씨앗과
눈물 찰랑이는 촛불과
유년의 바다 푸른 물결과
붉은 해당화 열매를 굴리며
희망을 뜨개질하는

아직도 그들은 푸르디푸른 국민이다

빼갈

제철소를 닦을 즈음이었습니다. 청요릿집 중흥관 이 층, 강물처럼 흘러갈 놈들과 그리 물 잘 차던 오리엔트 시계를 잽히고 몇 도꾸리 빼갈을 털었습니다. 창살 아래 감꽃이 지던 나무계단 아래는 중국 사람이 지키고, 세상은 깊은 마당처럼 무겁게 내려앉는데 우리는 하나둘 노을 속으로 쓰러지고 지워지고 가슴속 그리운 섬 하나씩 품고 흘러갔습니다. 낡은 문풍지처럼 대흥동 바닥에 남아 팔랑거리는 녀석도 있었습니다. 더러는 꿉꿉한 자리 돌아누우며 저무는 영일만에서 제철공장으로 자전거를 타고 오르는 놈들도 있었습니다. 빼갈 향처럼 톡 쏘는 사람들 되기 위해 열심히들 살았습니다. 더러운 공화국이 몇 바뀌고 한세월 지난 오늘, 돈 벌어, 짜장면은 실컷 먹을 만큼 돈은 벌어, 선생도 앵글집 사장도 되어 다시 만나 맑은 빼갈을 부으며 감동 없는 짜장면을 먹습니다. 아직도 누가 저리 우리 시대의 문을 지키고 섰는 해질녘, 빼갈로 달아오르지 못하는 이 불임의 시대 속으로 놈들은 하나둘 내려서고 저무는 세상 한쪽에 붙어 서서 니끼미 니끼미 빼갈을 마십니다. 저만치 형산강 하구가 벌겋게 달아오릅니다. 감동 없습니다.

술밥

행길가 술도가에는
쌀밥을 먹는다고 했다
밥김 피어오르는 술도가 안마당
하얀 고두밥
쌀밥 냄새는 자꾸 따라오고
탱자나무 푸른 하굣길
술지게미 한 주먹씩 얻어먹은
재길이 짝불알은 차에 뛰어들고
감나무집 잠순이
붉은 손을 저어 바다로 갔다
술기로 흔들리는 하늘과 땅
자꾸 비스듬히 일어서고
샛강 위로 흘러가던 울음 울음들
오늘 동동주에 떠오르는 밥알을 보며
어릿벌에 밀려 나온 고년
잠순이 반쯤 뜬 눈빛이 흐리게
흐리게 흔들린다

용화사

— 시인 이원규

토지면에 살고 있는 그에게
우습게도 토지가 없다
오토바이를 타고 성삼재 건너온
그의 소매에는
결명자 파란 이파리가 돋아 있고
지리산 빨치산
아버지 따라나선
갈참나무 산 냄새 진하다

화개 작설차 한 잔
토란잎에 구르는 이슬
그 속에서 그는
이승에 없는 집
정갈한 절집 하나 지어간다
쪽담에 내려서면
저만치 섬진강
슬며시 올라오는

빈집

— 이종암의 옛집

폐가에 불이 들고 있다
천천히 근골을 펴는 흙집 울안으로
착한 불이 들어가고 있다 시린 삼월
식구들의 거친 잠이 머물던 곳
감나무 뿌리 꼼지락거리는 비탈
노모는 산을 덥히고 있다
마등바우 아래 누운 영감 밑자리로
더운 기운 불어넣고 있다
따뜻해지는 산의 어깨
감나무 새순들이 데리고 가는 삼월 장연리
동창천 마른 억새 속까지 간질간질한가 보다
저 산에 누운 영감도
먼저 간 막내도 참꽃 지게에 꽂고 내려오려나
노모는 겨울의 검불을 아궁이 가득
불을 넣고 있다

운문재

찔레순 아득히 따라오는
봄입니다

분첩도 지느러미도 잃어버린
그녀의 늦은 식탁
잊혔던 온기에 손 적시며
식은 빵을 조금씩 뜯어내는 여자를 봅니다

창밖 어둠의 눈
처음에는 미세한 빛이었다가
점점 층층의 불이 되어
눈시울에 찰랑거리다
끝내 부서지고 으깨어진 냉기로 몰려가는 것을
가만히 지켜보는 일이란
한 생애를 견디며 기어올랐던 완강한 능선을
다시 오르는 일입니다

지독한 사랑의 질량을 떠메고 오르는

슬픈 운문재의 봄을

닫아거는 일입니다

그렇게 견디며 기다리는 일입니다

서울역
—노숙

말랑말랑한 얼음 이불 덮고 정박한
지치는 일에 더 지치지 않는 그들에게도
상속할 길은 있다
생의 잔고가 남아 있고
칼바람을 밀어내는 힘이 있다
깊이 끌어들인 얼굴들 간신히 올라서는
난간 위의 길로
어느 별로 저리 바삐 가는지 또
열차가 나가고 있다
꺾이고 휘어진 길 끄트머리마다
숨은 카메라와 반짝이는 화면이 있고
그 속의 속에 세상으로의 화려한 외출도
음울한 장난도 있음을 아는 그들
끝없이 돌돌 말리며 올라가고 내려오는 저 높이에
이 별의 출구가 있을 것임과
그 끝 문양을 벗으며 떨어져 내리는 허공이 있음을
다 알고 있는 조립된 김씨들
액자처럼 그 길에 걸려 있다

잠자는 방 이슴

골목 안 민간인들에게
어머니가 내놓은 방
바람에 팔랑거린다
잠깐 눈 붙이고 등 붙이고 가라고
단독 보일러 잘 돌아
세상에 다친 마음 따뜻이 덥혀 준다고
여기저기 전봇대마다 나붙은
어머니의 방
보도방 아가씨도 24시 마트 아지아도 괜찮다고
월세 좀 밀려도 방 빼지 않아도 된다고
도로 건너 줄 이은 가로등 허리짝마다 팔랑이는
어머니의 셋방
밤새 제철소 울타리 불이
하구 강물을 흔들다 봉창유리에 붙어 자고 가는
어머니의 텅 빈 셋방
그 평평한 다섯 자 좁은 상자 속에
선금 주고 세 들고 싶어지는
사월

강가에서

보리들 다 스러지기 전
기차는 와 닿을까

접선역 낡은 역사 난간 위에
들고 타야 할 얼룩진 분깃들 다 벗어놓고
망초대 가르며 휘적휘적
강가로 내려가
세상의 여자들에게 걸어 들어가고 싶다

오래 휘어진 기억들이
깨끗하게 복원되는 강가에 서서
불타오르던 애증의 도시들에 대해
깊고 서늘했던 분지의 먼지들에 대해
우리들 바람 일던 아침에서
저녁으로 뛰어들었던 짐승들과
그 흉터들에 대해
이제 너그러워지고 싶다
짱짱히 박힌 눈을 풀고 싶다

깨꽃 잔잔히 불을 켠
강물 위로
푸른 노을을 밀고 가는 기차
기차는 와 닿을까

오전리
—UFO 착륙기지

낡은 기와를 닦고
풀어지는 천변의 한나절
지푸라기 구겨 놋사발을 닦아둘게
입김 불어 나무의 창들과
별들의 문들을 다 열어둘게
한 장 접시로 다가오는 그대들
손끝마다 따뜻한 전류가 흐른다면
누운 자 쓰러진 자들에게로
빛으로 오라

그대들 깨져버린 별들을
치우거나 정리하지 말고 바로 오라
여기 아직은 깊은 별을 따라가는 그리운 사람들과
이슬 속으로 걸어가는
사랑하는 사람들 있으니
그들 가진 따뜻한 칼로리가
가슴 가득 마련되어 있으니
록동 지나 춘양 오전 약수터 근처

펄럭이는 플래카드 한 장 보이거든

그리로 내려오라

꽃잎처럼

꽃잎처럼 그렇게 오라

여남 바다 1

하얗게 봉해진 미명(未明)의 봄은
서늘한 골목 안에서 서성이다 스러지고
갇힌 발자국들 어둠 속에서
발을 씻는다
아무도 차단된 울타리를 넘어오지 못하고
여남도 여남 바다도
차례 없이 몇 번을 죽었다
그러는 동안에
능소화는 지고
식(式)도 없이 붙어사는 사람들이 늘었다
별이 내려오는 길에 뿌려지는
저녁 소독약들
차가운 불꽃들이 둥둥 떠다니는 바다
자욱한 해미 속
덜컥덜컥 내려앉는 아재들
몰고 나갈 덴마선들
낮은 물골에 엎드려 잠든
여남 바다

사진

허리에 손 올리고
헌병처럼 서서 찍은 사진 내게도 있습니다
사변 직후 건빵주머니 달린 바지로
사단 주보 앞에서 나이방 쓰고 찍은
아버지 사진과 꼭 같습니다
수컷들 다 그런 똥폼 잡던 시간들 있습니다
세상의 길이 열려 있고
길을 만들며 갈 수 있을 때입니다

아이들 뒤세우고
아내와 찍은 가족사진 내게도 있습니다
우리 삼 남매 뒤세우고 찍은
펴억 터지던 사진관 사진
아버지의 그것과 꼭 같습니다
젖 주어 키운 것들 한데 모아
같이 살았던 때 기념하는 시간들 꼭 있습니다
세상의 길들이 닫히고
다니던 길들이 좁아들며 흔들릴 때입니다

제노사이드

아조프 대대가 비운 부차
제국 군단의 불꽃이 비처럼 덮쳐 왔습니다
유기견 보호소 앞에서
치칼로바 마켓 앞 횡단보도에서
쇼핑백을 든 엄마와 아이는
수숫대처럼 쓰러졌습니다
스와스티카 새겨진 아낙 배꼽 위로
핏물이 번졌습니다
구름 낀 하늘로 정교 사원 종탑에서
부활절 미사곡이 흘러나오고 있었습니다

푸른 평원
밀밭으로 가는 길에는
촛불도 없이 영혼들 떠나는
붉고 하얀 길이 생겼습니다
플라스틱 수갑에 뒤로 두 손이 묶인
수제구두 가게 주인 니콜라이 아재 곁에는
유순한 그의 아내와 딸이 엎어져

눈 뜨고 땅 하늘 응시하며
묶인 어깨들을 걸고 떠나갔습니다

사원의 첨탑 위로 걷는
우크라이나

하나님 걱정스런 얼굴 위로
정오의 햇살이 지나고 있었습니다

뻐꾸기

중환자실 간호사 마리아 수녀님
링거 선 속으로 스미는 맑은
뻐꾸기 소리
투명한 나사로 조절하고 있다
텅 빈 몸속으로 흘러드는 소리가
더 많은 상한 구석으로
피멍 든 구멍으로 퍼져가라고
오래오래 어둔 벽을 뚫고 가라고
평평해지라고
가늘고 길게
펴고 있다
뻐꾸기
울음
소
리

저장강박증후군

나는 몇 개 상자를 간직하고 있다
그 속 낡은 사계가 있고
몇 개의 멈춘 시계와
냉동 꽁치 한 쪽이 있다
어두운 전구와 그 아래
꺼지지 않는 잉걸불 쓸어안고 있는
동업자가 있다
간직한다는 건
가벼운 길을 무겁게 거머쥐고 가는 것
서로 충돌하지 않는 복음서와
깊이 쌓인 눈물과
눈물 끝에 돋아나는
수첩인 듯 매몰된 사랑 같은 것
철봉에 걸어두고 온
구겨진 안경과 짧은 치마들과
찢어진 주소록이
안녕한지 궁금하다

병동에서

아픈 나무에서 아픈 나무들 본다

긴 수평 회랑이 잠들어 있다
그 적멸의 시간을 쓸어안고 가는 사람들
한때 봄을 끌어들여
반짝이는 봄 나무였던 기억과
풍찬노숙
시린 한 생의 서사들을 품고
낡은 가지에 걸려 있다

자꾸 붉어지는 서창(西窓)
나무였다는 기록들
바람의 무늬가 판각된 이파리들
붉은 노을 속으로 아득히 날리어 간다
잊히지 않기 위해
다시 일어서서
가만히 열리기 위해
툭툭 무릎을 치며

링거 지지대를 밀고 있다

지독한 결박을 베어내지 못하는 저녁이
하얗게 마르는데
푸른 불을 돌리며
정수리가 찍힌 자작나무 떼와
꺾인 오리나무 숲을 싣고
엠블란스가 또 와 닿는 걸
멀찍이 내려다본다

하송리 거미

아로니아 숲을 갉아 먹는
그 숲의 거미를 옹호하지 마라
지금 숲을 건너다니는 거미는
이미 아로니아를 잊었어

형광빛을 피하는
그들의 저녁 낙하를 본 적이 있어
주저 없이 몸을 던지는 게 아니라
제 몸에서 밧줄을 꺼내 엮으며
그걸 잡고 내려오곤 하는 것인데
거기에 그들 생의 셈법과
아로니아를 지키며 독식해온
책략과 거래의 기술이 숨겨져 있어
아로니아를 독점하며 그들은
노을 속에서 반복적으로 집을 흔들며
그들의 영역을 관리하는
술수를 거머쥐고 있어
지상의 마지막 보행을 떠올리며

쓴맛을 뱉어내고
달짝지근한 입맛을 다시며
저녁 바람에 맞서는 거야

빵집 수선집 소주방
거미거미거미
흙터를 파먹는 일수쟁이
복술이 형 같은
하송리 거미

일월동

경주 개 무덤가에서
낮 빼갈을 따르며 울었습니다
모시조개
아까징끼 같은 일월동 아이들
낡은 소매에서 자꾸자꾸 가을 울음을 꺼내
돌려 마시며 울었습니다
방풍림 너머 어링불
가난한 부족의 재건을 위해
거친 물너울 건넜던 그들

나는 따뜻한 별 싸라기들 만지작거리며
자꾸 먼 데를 바라보았습니다

일원동 1

그들은 기가 질려 바로 걷기 시작했다
간신히 움직이며 최선을 다하는 사람들
말없이 몸으로 돌아가는 시간은
매우 규칙적이고 일사불란했다
반짝이는 문과 벽이 일정한 간격으로 짜 맞춰진 길
링거 지지대에 비닐 물주머니 몇 달고
긴 통로를 걸어 나갔다
회랑은 잠시 출렁거리다 잠잠해졌다
평생 걸어온 빗속의 길을 보고 있었다 그는
저쪽 폭우가 적시는 들녘 한쪽을 잡고
사라지는 물안개 같은 것을 보고 있었다
그도 가만히 아버지라고 불러보고 싶었는지 모른다
더 좁아진 등짝이 간신히 가린 창문을 넘어
별 싸라기 한 줌
소리 없이 내려오고 있었다

밥 한 그릇

오광장 횡단보도 건너다
초록 불 휘발되어 가는 아스팔트 가생이 뛰어가다가
솜 타는 집 둘째 경호를 봤다
언제 날 잡아
밥 한 그릇 하잔다
이렇듯 반갑고 서러우면
한 공기 밥 마주 보며 먹자고 하는구나
밥 한 그릇 못 챙겨 먹던 그늘이
아직도 사람 사이에 흉터처럼 걸쳐 있구나
맞다, 따순 이밥 한 그릇의 감동
숱하게 굶고 살아온 우리에게는
잊지 못할 인사가 되었구나
그래
마주 앉아 밥 한 그릇 비우는 일들로
이렇듯 해는 지고 다시 오는 것이구나
그러느라고 저리 머리 벗겨지고
끝없이 바쁘구나

제4부

나의 수많은 근처들

사과나무 모텔

봄마다 하늘 한 귀퉁이를 팽팽히 잡아당기는 집
마른 각목을 받쳐 묶고
자르고 꺾어 비틀고
창문 몇 장 더 만들어 내거는 집
늙은 사과나무 모텔
사랑과 환희가 창 안 가득하다

꽃눈 끌어올려 방마다 불 켜는 집
하얗게 눈 내리는 밤
모텔 안은 분칠한 여인들의 천국이다
하르르 불타오르는 거기
따스한 교미가 있고
열린 창마다 뜨거운 산란이 있다
해마다 새 창문을 더 만들고
별살 비치는 창밖에 나와 앉아
배내옷을 다시 깁는
사과나무 모텔

소리내기 2

산업도로 위로
아치골이 스러지면
몸 숨기며 엎드리고 싶어요
더럽게 짝짓는 법이나 가르치다 보면
해 설핀 마당에는 아이들이 없고
졸업 후 역 앞에서
바비큐나 굽겠다는 녀석도
용기 있는 녀석들 몇 담을 넘습니다

분필 던지며 가르친
몇몇 친일을 했던 서정시인들이
시국선언을 했다는 저녁
가슴 높이로 차오르는 영일만이
시리게 시리게 이마를 때립니다
신관 뒤 매점 쪽에서
호루라기 소리 들리고
플라타너스 이파리 하나 쓸쓸히
조국처럼 집니다

후에*

낫으로 사탕수수를 치는
그녀가 부처다
노을 번지는 흐엉강 언덕을 끝내 지켜낸
우림 속 민족주의와 초원
비트 속의 형형한 눈빛들
빠르게 건조되어 가는 궁터에서
달콤한 수액 한 종지를 빤다

어린 시절
깊은 야자수 그늘 속
베트콩으로 읽었던 그들을
낡은 제국의 처마를 들추는
번쩍이는 전광판들을
달아오른 해방의 빛살이 졸아들고 사그라드는
저기 빛나는 자본의 하늘을
푸른 수수밭을 겨누는
칼날을 본다

---

*베트남 중부에 있는 도시.

체크무늬

평생 그 속에 갇혀 있었다
잔잔한 떨림으로 번져오던 칸 칸
이어지는 직선 무늬를 타고
계단들이 자라 올랐고
그 직선을 타고 떠나왔다 때로는
찌그러지는 체크무늬를 만들고 껴입기도 하면서
세상의 빈칸에 파고들곤 했다

따스하기도 하고
꽉 찬 칸에서 튕겨 나
세상의 끝자리에 매달려 대롱거리기도 하면서
젖은 현수막으로 걸려 있기도 했다
늑골에 소복한 보푸라기들을 찌르며
마분지 같은 칸들이 밀려와 매달렸다

저녁 새들이 물고 오던 칸들이 있었다
구름 경전이 칸 가득 쌓이기도 하고
다시 그 질긴 교직(交織)에 갇히고

풀리기도 하면서
헐거덩거리며 왔다

추령(楸嶺)

우련히 비치는 지등 아래로
다시 천년이 가고 있다
갈참나무 이파리 우우우 몰려가는
왕의 길
돌아오지 않는 발자국 소리를 남기고
영(嶺)을 넘은 사람
기별 없이 한겨울을 떠돈
신라의 매를 생각한다

비탈을 내려오는 사람도
길에 드는 아이도
풀씨처럼 스치며 말이 없다
기림선원 가는 길이
마른 지렁이처럼 걸려 있는
수릿재 오르는 길로
시린 봄날
저만치 오고 있다

목은(牧隱) 편지
— 관어대소부(觀漁臺小賦)

대진마을 피어오르는
어화(漁火)는 꺼졌느냐
한바다에 일어서는
새하얀 불꽃을 꺾어내
관어대 마루에 걸어놓았느냐
어링불 이십 리 그리운 바다
곤쟁이 떼 반짝이는 고래불
장경(長鯨)이 등을 휘는
피정(避靜)의 언덕이 삼삼하구나
외가 영해로 돌아가는 인편에
안부를 묻는다
괴시마을 담장 너머로 홍매화는 피었느냐
영해 들녘 청보리
엄동을 견딘 봄 양식은 어떠하냐
일가들의 간추린 삼동 소식이 궁금하구나

물살 이는 시절이 하 수상하여
이만 총총

논리적 밥상

아직 아버지에겐
날려 보낼 밥상이 남아 있다

지리멸렬한 제국이 당신을 버린 날
할아버지가 던졌던 교자 밥상
세상이 당신을 던진 날
아버지는 백철 밥상을 걷어차셨다
나 세상의 문 밖에 오래 서 있었던 시절
호마이카 접이 밥상을 엎은 적 있다
이렇듯 우리 가계의 밥상들은
사내들 그 무작스런 논리로 늘 찌그러지고 부서져 내렸다
우리 집 여인들 그때마다
주섬주섬 뒤치다꺼리를 했으리라
검은 미역 귀달이와 붉은 무말랭이 없어
할머니와 어머니
어깨 좁은 아내는 말없이
또 밥상을 차리고 차렸으리라
세상과 마주선 사내들

홧김에 밥상을 걷어차는 것인 줄 아는 여인들
오늘도 참 더러운 성질의 내림이라 중얼거리며 또
정갈한 밥상
아버지의 밥상을 차리고 있다

대흥동

파랗게 은총의 선들 내려오던 길
죽었다
마지막 역무원 푸른 깃발이 가리키는 곳으로
기차는 떠나고
붉은 점멸등도
진록의 울타리도 나란히 떠났다
서산 아래 회차지 철길 건너 측백
나무 곁의 여자들 노을 밀며
세상으로 나가는 저녁
그 끝에 파란 손을 가만히 내밀던
나무 바람과 오랫동안 발효된 기차 소리
아직 매달려 있다
바다를 열어주고 어린 해병들과
케리 윌리엄의 더블백 안고 오던
사월은 스러지고
아지랑이 따라 길 나서던 푸른 울타리들도
기차 소리와 함께 떠나버린
봄 대흥동

도살

서낭 아래 얼쩡이던 구평 아재가 돌아온 뒤 두 시간 동안의 은밀한 해체는 끝났다. 외척들이 앞고기 뒷고기 다리고 재어 뭉티기 뭉티기 나눠 가져가고 어른들 왕소금에 생간을 찍어 술병을 비우는 동안 나는 어둠을 뒤집어쓰고 씨족들의 그믐밤 저리 환한 추렴을 들여다보았다. 어느새 곰국은 끓어 넘치고 대숲이 소리 내며 내게로 무너져 드는 밤이 깊어가고 있었다. 머리 굴려 글 쓰는 생질이라고 외숙모는 내 국에 소 골을 넣어주셨다. 진국 한 그릇에 떠오르는 집 한 채, 일생을 서서 버틴 한 채 집, 그 해체된 그리움을 후루룩 마시며 앞산과 그가 거느린 언덕들이 조금씩 낮아지는 걸 보았다. 이제 그에겐 소가 없다. 뿌연 국물로 떠올라 며칠을 식구들 사이로 흘러가 버릴, 건초와 보리 알맹이로 세웠던 그리움의 집 한 채를 장송하는 수많은 외할아버지의 눈, 죽순 번지는 비탈에 누워 내려다보시는 대밭골 영감의 눈.

섬
— 심정도예(心靜陶藝)

버려진 섬이었다

토함산 숲 그늘에 엎드려
새를 날려 보내며 기다리는
그의 모든 경계에는
예보도 주의보도 없이 줄금줄금
가랑눈이 치고
가만히 지워지는
파랑 달개비꽃 피어난다

숲은 젖고
딱새 떼 지어가는 집들이며
꼬부라진 그의 어린 부처들도 묻혔다
바람을 꺾어 쥐고 길을 만들며
날아가 버린 어린 새들을 기다리는
황토 플랫폼
일몰의 외로운 섬
심정도예(心靜陶藝)

순한 숨소리들의 귀환을 기다리는
그의 낮은 둥지가
저녁 물에 잠기고 있다

이불

그들에게 이불은 우물이다
퍼내고 퍼내도 말간 물 다시 고이는
친정 마당 깊은 샘이다
아직 그 샘터 고운 처녀아이로 서 있는 여자들
미련하고 우습다
알겇 고이 싸 온 이불
내다 버리지 못하고 둥치둥치 안고 가는 솜뭉치
어머니의 젖샘이다

무너져 내릴 것 같은 두툼한 이불 보따리
기껏 내다 버리는 곳이
더 낡은 여자의 방 벽장이나 다락이다
연둣빛 수풀 분홍 꽃들이 소보록하게 박혀 있는
어머니의 이불 위에 아내의 이불을 얹는다
오래 오래 마르지 않는 샘물
나 죽더라도 절대로 해체하거나
보공(補空)으로라도 쓰지 말라 하시는
어머니의 젖샘 위에 가만히 얹는다

조용히 맑은 물속 낡아가는 저 여자들

오랫동안 거기

이불 보따리 쓸어안고 서 있다

오줌

며칠째 오줌을 놓고 간다 여자들
발등이 젖는가 했더니
허리까지 튄다
저녁과 새벽을 어떤 걸음으로 건넜는지
그 비척거림에 대해 답해야 한다 그녀들
공허한 사랑과 결의의 깊이에 대해
계측이 가능한지 아닌지를 말해야 한다

창 안의
가을 짐승들이 어찌 슬피 우는지에 대해
이 저문 저녁이 멀고 먼 구릉을 헤치며 왔는지
알기나 하는지에 대해
이제는 또렷이 마주 보아야 한다

자꾸 비릿한 냄새들 번져오고
그녀들 매단 오줌 방울들
겨울바람에 달랑거리고 있다

시인 K

허물어지는 만큼 열리던 그를
용서하지 못했다
벼랑이었던 날 선 시간과
기울어진 난간을 기어오르던 그를
오래 바라보았다
비를 피하는 새들 꽃들 다 몰려가고
함께 해준 푸른 그늘과
그늘에 묻은 얼룩이
그를 떠나는 것을 보았다
그를 버리고
이제 나는 사월 바다로 가고자 한다
콜록거리는 봄 그 미열을 챙겨
거기 서성이는 물의 나라와
예감의 사람들에게로
돌아가고자 한다
불안한 눈빛의 유기견들과 떠도는
유목의 언어들을 몰고
그리운 바다로 가고자 한다

하모니카

저무는 숲실바다로 날리어 간
하모니카 소리가 돌아오곤 했다
요 며칠 전부터의 일이다
어릴 적
어렁불로 불리어 가던 그 소리에는
뜨거운 그늘이 있어 저물녘
동쪽으로 길어지곤 했다

오늘 다시
소리 그늘이 노을 속으로 길어지는 걸 본다
아버지 불다 가신
바람 칸이 무너진 영창 하모니카
놀랍게도 봄바람 속
굴러오는 그 소리를 듣는다

옛날의금잔디동산에메기같이앉아서놀던곳

노을 지는 강 하구에 앉아

서쪽 포구로 먼저 간다고
먼저 가서 거기 소금 고방 근처에
얼쩡거리고 있으리라고
거친 숨 넣고 빼며 부셨던
그 하모니카 소리 오늘 다시 듣는다

사월(沙月)

달은 어링불 모래 속에서 밝았습니다 어린 시절 우리의 기지(基地) 방풍림 모래 언덕 아래는 햇살도 달빛도 환하고 푸른 그늘이 융성했는데 언제부턴가 평면 모래 무덤이 늘어나기 시작했습니다 청갈바람 오지 않는 날이 길어지고 장질부사 호열자 뜨거운 바람이 불어오면 마을의 아낙들은 하나씩 둥근 알을 낳고 죽었고 아이들 몇몇도 따라 살별이 되어 모래 언덕 아래로 떠올랐습니다 밤마다 모래 속 기지에는 유영하는 전어 떼와 혼불이 일렁거리고 입안 가득 알을 씹으며 죽음을 힐난하는 허제비불이 날아다녔습니다 지난한 한 생을 할퀴고 지나가 바람을 따라가는 아이들과 여인네들이 스러지면 마을의 아낙네들은 자산주의자 아버지들을 용서하지 못하고 모래 언덕 아래서 웅웅거렸습니다

그런 풍경을 목도하는 것은
늘 눈물겨웠지만
아무렇지도 않게
본부에는 아이들이 모이고

사월(沙月)은 모래 속에서
환하게 밝아오곤 했습니다

순음청력실에서

보이지 않는 곳에서
증기기관차가 와 닿았다
플라스틱 하늘로 새들이 날고
구르는 물소리
왼쪽 천정에서
어머니의 마을 쪽으로 지나갔다

앞섶 풀어헤쳐
너무 많은 얼룩들 담아 들인 것일까
희미한 색깔들이 저만치 멀리 있는 듯
살별들 차르르 몰려가
바다에 떨어지는 소리가 들렸다

아버지는 끝이 막힌 세반고리관을 흔들다 가셨고
나는 캄캄한 유리상자 속에서
이런 소리들 잡아내며
시린 겨울을 밀어내고 있다

목련꽃 목댕기

목련꽃이 온힘 다해
문 여는 날 아침 나는
목댕기 매며 몸의 문을 걸어 닫았다
차가운 하늘 한쪽이
목련나무에 찔리는 걸 보았다
언제였던가 처음으로
목댕기 하고 세상으로 나가던 날
아버지 따라
몇 굽이 꼬아 새길을 끌어내려
배꼽을 덮던 날
바람은 사정없이 내 몸의 온 틈새를 뒤적이며 스몄다
그때도 목련꽃이 하늘에 하얀 입술을 대던 날이었다
미색 물방울무늬 소보록이 박힌 목댕기
몸으로 스미는 바람
새 봄날 궁금해진 햇벌들
짤막하게 날아가는 것 보인다

문
—5·18 묘역에서

문
문
문
남쪽 무등으로
깃발 물결쳐 오던
골목 향하여
열려 있다
눈감지 말아라
아직은 비 새는
차가운 땅
담양 가는 버스는
담양으로 가나

바람 속
끝내 와 닿지 못하는
조셉
크리스티나
마리안너

차가운 돌 위에서
잠들지 말아라
빗속
남녘을 덥히며 번지는
뻥구지꽃 노란 꽃잎 피어올라
문 하나씩 열고
기어이 돌아올 것이므로

새벽 행음(行淫)

—푸른시인학교에서

저수지 가는 길바닥에 누워
그날 별들의 하혈을 지켜본 시인들은
묵은 정액을 다 비워내고
홰를 치며 내려와 국 없는 밥을 먹었다
눈은 하르르 떨렸고
소매마다 형광빛 사향 냄새와 붉은 단내가 났다

새벽 못 안개와
늦은 유성들과의 행음(行淫)
인기척 나지 않는 체위
그 새벽의 교접은 푸르디푸르다

그들의 낡은 앞섶들은 부풀어 오르고
곧 산란할 것이다
희고 푸른 알을 낳을 것이다
지하철 통풍구 어두운 석면 위에서
아파트 창틀 하이샤시 사이에서
용접봉으로 지져도 찢어지지 않는

단단하고 깨끗한 알 하나 끄집어내
잠들지 않는 별들 곁으로
끝내 굴려 보낼 것이다

여수

발이 없어 흐르는 섬들
황톳길이 나란히
간격 없이 떠나고 있다
물 차오르는 바다 뒤에서 누가
비자나무를 흔들며
기막힌 풍문이 되고 있다

가지마라가지마라
붉은 사월아

왼쪽 바다를 자근 밟으며
짙붉은 동백꽃 숭어리를
허공에 매다는 여수

누굴 기다리고 기다리고 있는가

작은 섬 몇 데리고 흐르는 조각달과
몰려가 죽지 않은 물결과 깃발들이

다시 짙붉은 꽃잎으로 밀려오는
저 붉디붉은 여수 바다

늦게 배달되는 신호들과 불빛들이
후렴 가사처럼 살아온 순간들을 되비추는
남녘 포구
여수

근처

오랫동안 근처에 머물며
근처를 많이도 베껴 썼다
어중간한 시간을 펼쳐놓고 가까이 다가가지도
멀어지지도 않고 그 부근에 얼쩡이고 있다
어머니 근처에는 다시 어머니가 있고
겨울 근처에는 시린 북벽(北壁)과
대학사 투명 유리 모서리가 있다
나도 누군가의 희미한 근처로 머물러 있는 걸까
근처에 독한 에스프레소와 순정한 사랑이 있고
근처의 근처들 늘 거기 그렇게 편하다
때로는 단추로 잠겨져 있기도 하고
푸른 화살표가 가르치는 안쪽에 서 있기도 하는 것인데
나의 수많은 근처들
연두를 뒤집어쓰고
또 다른 근처로 남겨지고 있다

제5부

늦은 나무를 심었다

쉰

나는 잘 소비되지 않았다
신화가 얽혀지던 불의 축제
뜨거운 페이지 뒤란에서
젖은 나무토막으로 웅크린 시간들
비치지 않았으므로
반사되지 않았고
읽히지 못했다

사소한 서사에도
밀려났다 캐스팅되지 못했다
햇살이 낮게 굴러와 죽었다
찰방거리는 물길을 만들며 빛이 사랑이
번질 거라 믿었다 거짓이었다
수없이 개복하고
길을 만들고 성을 쌓았다 늙은 나무를 심었다
아무 소리도 들리지 않았다 성 위에는
찢긴 깃발이 더 깊이 죽었다
나를 떠메고 가는 내가 보였다

청송(靑松)
— 미전향 장기수들의 봄

지금은 유배의 긴 터널 속으로
함께 가 주는 나무들 풀들
강물들
산 너머 임하댐에서
자욱자욱 안개가 번지면
들녘으로 일어서는 40년
가래 끓는 점호 소리
하여 가슴 저미는 오랜 그늘 속으로
흐르고 있구나
이념으로 뜨거운 강물도
질기디질긴 조선 소나무도
먼 길 함께 가는구나
함께 가 주는구나
청송(靑松)

백화(白花)에게

싸락눈 내리는 찬내 삼거리
버스를 기다리지 마라
길은 모래에 묻히고
포구로 내려가는 양철 버스는 죽었다
겨울나무 엔진들은 꺼져가고
삼포로 내려갈 기름은 얼마 남아 있지 않다
우물재 뻐꾸기들도
흙 벼랑 위 어린 해병들의 동쪽 문도 곤조가도
갈매기집 슬레이트 지붕도
희한한 세월 속 웅웅거리다 스러졌고
수많은 정씨와 영달이
지하도시로 가고 있다
팔각 거울 칸 칸 복사되어
희뿌윰히 찢긴 꽃잎들 쿨렁거리며
오지 않는 막차
기다리고 있다

얼음 소녀
—카파코차*

갈색 드레스 팔랑거리며 신고 올라온
꽃 샌들을 벗지 마라
아카카마 모랫길
수천 리를 걸어 올라와
잠든 잉카 소녀들아
마추픽추 코카인 치차를 마시고
취한 채 얼음 속 오백 년을
쭈그려 앉아 있었구나
떼어내고 뜯어낸 눈꽃망울들
저리 푸른 별 싸라기로 떠 흐르고
벗어던진 카라카라 깃털들이
찬란한 제국의 깃발 되어 펄럭이는데

깨어나라 소녀들아
작은 얼음 구멍 속으로 햇살 들거든
산정에 부는 시린 바람
웅웅거리는 안데스의 울음소리를 들어 보아라
접은 다리를 뻗고

웅크린 복장을 펴며

한 칸 한 칸

목화밭 땅콩밭으로 돌아오는

잉카의 빛나는 전사들을

바라보아라

---

*잉카문명의 인신공양 종교의식의 하나.

욤 키푸르

— 열두 살 모하메드

골란고원으로 날아가 버린 매가 보고 싶다
가자언덕 너머 흙먼지가 일면
동예루살렘 동녘 아버지의 땅이 흔들리고
무화과 푸른 잎이 우우우 떨어진다
광야의 새해 첫날
축포처럼 터지는 불꽃 로켓탄에서
용서와 화해의 연기는 피어오르고

아! 내 가슴의 허파와 왼쪽 등짝을 뚫고
지나는 뜨거운 성전(聖戰) 나사못 하나

이웃집 털보아저씨네 이쁜이 사라 압델 하크가
신전 언덕 열린 창틀로 밖을 내다보다
젖니를 다 갈지 못하고 바람으로 가버린 마을 뒤로
족장들과 랍비들, 내 잠시 깃들었던 얇은
집을 메고 가며 울겠지
씨엔엔 혹은 프랑스티브이 카메라 앞에서 분노하겠지
터번처럼 칭칭 감기는

세상의 율법과 정의와 밥을 위하여

무화과 언덕 너머 자욱이 먼지가 일면
성소(聖所) 높이 날아올라 방공호로 나를 밀어 넣어주던
날개 어린 매
모세가 보고 싶다
욤 키푸르*

---

*'속죄의 날'이라는 뜻으로 유대교 최대 명절. 새해 첫날부터 열흘 동안 용서와 화해를 실천하는 성스러운 기간이다.

솔의 눈

일가들이 허물어낸 문중 산
그 깨끗한 청솔 그늘이
어느 날 소주잔 속에 자라고 있었습니다
사변 후 몽창몽창 끝내 잘려나가던
그때도 그랬습니다
해송의 끝대
새순에는
늘 술 냄새가 났습니다

남자의 일들로 힘겨웠던
먼 길이 있었습니다

바람 많은 날
붉은 겨울 개미들이
탁자의 소나무 옹이를 돌아
유리잔을 건너가는 동안
어두운 골목 밖으로
솔싹 추출물 빈 깡통이

철거덩 굴러갑니다

작은 꼭지들이
아름답습니다

겨울 죽천리

— 신항만 공사장에서

새벽 죽천리는 이미
죽천 바다를 떠나고 없다
우리 내걸고 말리는 겨울은
몇 알갱이 소금 풀씨들과
사과밭 머리에 뒹굴고
아무도 깃발 꽂힌 비탈밭으로 가지 않았다

새까만 아이들이
결빙된 바다를 툭툭 차고 있을 뿐
누군가
흰 바다의 등뼈를 뜯어내며
바다를 눕히는 일들로 바쁜
겨울 죽천리

양철 버스 한 대
죽천리 겨울을 따라가고 있었다

문(門)

—송현이

비사벌(比斯伐) 송현리 15번길 네모난 돌집 비화가야(非火伽倻) 너의 기지(基地)는 더 이상 가야 나비들의 플랫폼이 아니다 고리와 문이 세상을 향해 열려 있고 차가운 풍경이 들락거린다 우포에 비치던 화왕산 억새 떼 불을 타고 떠나던 그날 밤을 기억하지 마라 벽 속에는 다시 벽이 있고 꺾인 문짝 속의 나비들은 바람 타고 언덕을 내려가 다시는 돌아오지 않을 것이므로 세상 향해 열리고 열리지 않는 문 열려 하지 마라 잃어버린 언약의 굴레를 벗고 빛나는 제국의 아침을 더 이상 기다리지 말아라 그날 아침 하늘에 동여맨 복종과 순응의 정표(情表)는 저 깊은 수렁에 침전되어 부화되지 않을 나비의 알을 낳고 또 낳는 허망한 시간들이었으니

쪽 지고 단아하게 앉아 기다린
너의 새벽 문짝에
누가 또 울리지 않는 종
공갈 풍경(風磬)을 달고 있다

나무 전봇대

며칠 전 붉은 조등을 붙들고 섰던
그 묵은 나무 전봇대가 끌려 나간 날
낮달과 마을을 분할하던 놈이 가버린 날
그 높이로 눈이 쳤고
찐득찐득한 코올타르가 손안에 고여 들었다

마을에 수동식전화가 들고 전깃불이 번져
도대체 잠이 오질 않던 그 가을
장성처럼 놈은 거기 들어섰었다
팽팽히 끌려가면서 끌어당기면서
어귀에 들어선 놈은 일생 동안
펄럭이는 선거벽보와 영화 포스터
붉은 스탬프 수배전단을 붙들고 섰었다

우편국장님은 해마다 콜타르를 먹였나 보다
일생 관절을 꺾지 않은
저 당당한 나무 전봇대

먼 길 돌아 나온 그 아침
예비군훈련 통지를 붙들고 선 그 전봇대에는
따습고 깊은 눈이 있었는지 모른다
놈은 떠나고 바람이 차다
코올타르 찐득한 낮달에 철삿줄 둘러
조등 하나
내다 걸고 싶다

통일선봉대
— 허군에게

변방에 산다는 게
맑고 신선하게만 하는 게 아닌 거다
증권과 낚시를 생각하며
서정시와 수당을 생각게 해주는 변방에는
멀리 있는 게 많다
한밤에 잠 깨면 학생회관 앞에서 때리는
통일의 북소리 징소리
고운 얼굴
맵찬 눈빛 들리구나
통일은 신념에 있는 것이 아니어요
온몸으로 날아가 박혀
그리운 조선 흙으로 일어서야지요
닭장차 즐비한 오거리 지나면
들리구나
온몸으로 때리는
통일의 북소리

불꽃

숙주도 없이 돋아났던 독초
잘 가라 청춘
쓸쓸히 아름다웠던 껍질 영혼아
직선들 뻗어가는 곳에 너는
자주 붉고 네모난 눈설레로 휘몰아치고
넘어야 할 영(嶺)을 비껴
바다에 가닿는 허상이었어
지워지지 않는 자국을 새기고
화염 속으로
거친 눈발 속으로 내몬
허깨비불 같은

이제 자국눈 내리는 길에 서서
그대의 발자국을
가만히 보내고자 한다
잘 가라 청춘
지독한 매독 같은
통증아

나무의 집

나무는 자랄수록 깊어지는
자신의 무늬 속으로 돌아가
멀리 문을 열어둡니다 그러면
직립하는 시간들이 곁에서
오래오래 같이 있어주거나
천 년의 새들을 올려놓기도 합니다

이른 아침 문을 들추고 손 넣으면
조용조용 경(經) 읽는 소리도 나고
푸른 호르몬이 흐르는 한나절 그들은
붉은 껍질 집을 고치기 위해
못질을 하거나 더 많은
창을 만들지 않습니다
햇살에 마르면서 짱짱한 얼개로 팽창하다가
아치랑아치랑 걷기도 하면서
야트막한 여울에 들어 잘브락거리기도 하다가
태백의 품으로 돌아가는
갈겨니 미유기 쉬리 납자루

고 눈 맑은 것들의 기별을 기다리며
사서함 하나 내겁니다

경상북도 울진군 서면 소광2리 안골
767-880

풀의 사원
—수도산 오미자 작목반

풀 먹는 돼지를 키우며
그도 풀을 먹고 잠든다
촘촘한 오미자 넝쿨에는 밤마다 별 싸라기 걸리고
알금알금한 얼개를 타고 오르는
사원의 언어들 붉어질 때는
9월 미사가 소리 없이 열린다
푸른 사원에 내리는 별빛
그 복음의 숨소리 내려오는 길 따라
가을 순례자들
가야산 서쪽을 넘는다
사원의 언어는 붉고 간략해서
오래 머무르지 못하고
초록 벽에 새겨지거나 가만히
순례자의 소매에 묻어가 버린다
넝쿨을 오르는 붉은 소리들
누군가의 가슴에 찰랑이는
달콤한 피가 되기도 하고
별이 되기도 하고

깃발횟집

형은 왜 깃발이라는 말을 횟집 앞에 붙였을까
바짓가랑이 휘날리며 오라는 말인가
축항 끝머리 얼쩡대는 개들을 부르는 신호인가
옥상 가대에 빈 깃대라도 하나 꽂아놓지
형은 왜 그의 가슴속에 물결쳐 오는
깃발을 횟집 이름으로 썼을까

형이 든 깃발은 작고 좁지만
가득 소리를 품고 있어서
바람 부는 날이면
세차게 세상을 치는 소리가 난다

설머리 여밭에 물이 넘으면
어통소 앞 배를 끌어 올리고
몇몇은 내항으로 배를 맡기러 가는 동안
바람을 모아 다시 깃발을 만들어 내다 거는 집
깃발들이 끝없이 물결쳐 오고 몰려가는
방파제 앞 그 집

소리내기 4

칡꽃 피어 흐드러진 비탈로
하얀 채입수건 하나 떠간다 출아
헤모글로빈 몇 알
깨꽃처럼 떠간다
수산학교 운동장 가
너는 빈혈로 엎어져
막막한 눈을 뜨는구나
가슴 펄떡이며
더운 숨 몰아쉬는 너의 눈빛에는
약대순 푸른 비탈 보인다 출아
단 몇 분 만에
이백 미터 마당귀 다섯 바퀴는 힘겨운 게다
이 나라 육영의 숲 언저리
다섯 바퀴는 버거운 게다 아이야
우리의 학습이 거두는 효율이
뜨거운 헤모글로빈 몇 알 되지 못하는 땅
이슬은 아버지의 마을을 덮는데
새벽까지 비탈로 돌아오지 못하는 아이야

우리 이렇듯 쓸쓸히 누워
수월히 잠들 수 없다
홍초는 피어
붉은 울음으로 피어오른 땅에

심정(心淨) 도예

흙 묻은 주걱
화선지 몇 장 팔랑거리는
그의 기지(基地)는 간혹 안녕하다

소리개 날고
바람 겹겹 불국(佛國) 그늘을 덮으면
그는 항아리를 깬다
선반 위에 얹은 지독한 사랑도
동안거 마친 어린 사미(沙彌)들도
가슴에서 부화시킨 둥근 알들도
밤새워 깨고 또 깬다

녹슬고 삐걱거리는 철대문 너머
세상의 문을 닫고 또 닫으며
새벽 토함
붉은 계단을 오르는 흙쟁이 토방으로
시린 겨울의 실루엣 위로
꼬부라진 부처들이며

야윈 개구리들과
능소화 새순들 함께 또
봄이 스미고 있다

슈퍼문

타워 모서리와 직선에 찔린 채
얼굴 간신히 돌려 넣고
어제보다 한껏 바람을 넣은 모습으로
기울어진 서북쪽으로 지나는 너를
만지지 못했다

열한 시 방향으로 그늘이 질 때쯤
바람의 언덕과
설렘의 긴 골목 끝에 흙먼지 일고
잠깐 흔들리긴 했지만
얼룩 깊게 진 골짝으로
아직도 말 달려오는 푸른 귀가 보인다

너를 밤새워 가슴으로 밀고 가는
아픈 사람들 있다

그해 가을 1

오랫동안 방치되었다
공공의 시간들마저
방관되거나 모른 척했다
누나들과 여름 꽃들이 키득거리다 지고
나와 비슷한 흉터를 가진
무너진 꽃들이 남았다
아무도 동의하지 않았고
소년들은 모래 언덕 아래로 돌아오지 않았다
여름 내내 개 짖는 소리 무너져 내리고
마을에는 어떤 소리도 기록도
온전히 남아 있지 않았다
남겨지는 것은 어둠에 갇히는 일이었으므로
가을 편지처럼 떠나고 싶었다
깊어지는 바람 틈에 끼어들기도 했지만
내내 호명되지 않았다

깨진 비석처럼 서 있었다

정물 혹은 자화상

자주 창 안에 걸려 있었다

설핏 남은 햇살이 펴는 길을 가고 싶었다
턱을 조금 당기고 걷다가 멈춰 선다
오래 기억하지 못하는 일들이
조금씩 끌어당기는 거라 생각하며 나를 당겨본다
창 안이다
주전자는 늘 왼쪽에 있고
오른쪽 치맛단이 좀 더 길게 주름져 내린
여자가 주전자와 나란히 앉아 있다
가끔 사랑하는 일의 힘겨움으로 하여
그 의자에서 내려앉기도 하지만
격렬한 고요 속
그냥 갇혀 있는 것이라 생각하고 있다
아침 치자 꽃잎이 고양이를 보고 있는 동안
아무도 창밖으로 나가지 않았다
흔들리지 않는 의자와 종소리와 덮어놓은 경전이
여전히 창 안에 있고 가만히

입 다물고 걸린 벽
문틈 기어드는 바람의 끝이
잠시 곁에 머물다 지난다

소리내기 7

학교 담을 넘어가
동빈로 어두운 골목길에 있었느냐
서산 밑 철둑길에서 담배를 피웠느냐
우리 모두 손에 손잡고
이마 뜨겁게 달려갈 곳 있지 않겠느냐
당차게 기어서 온
이 나라 아버지들의 길
새벽 들길로 꿈틀거리는데
면서기가 되고
전투경찰도 되어
부은 발목으로 달려갈 길 밝지 않겠느냐
여뀌 덤불 우거진 이 변방에도 사람 있음을
어둠 속에 눈 부릅뜨고 꽃을 피우는
푸르른 힘살 뻗쳐오름을
보여줘야 하지 않겠느냐

학교를 버리고 힘을 팔겠다니
열일곱 너는 너무 아름다운 꽃

우리들 어기차게 이고 가야 할 하늘 아래
아이야, 샛가랑이로 자전거를 배우던
그 마당으로 돌아와
한나절 풀 좀 뽑고
똥 몇 통 퍼 올리면 너는
정학(停學)에서 풀리고
우리들 희망도 피어나지 않겠느냐
검도실 앞마당
코스모스 몇 송이 뜨겁게
피어나지 않겠느냐

몸에게 1

미안하다
너에게 묻지 않고 명함을 파고
너인 척한 시간들에 대해 사과한다

조심성 없이 부속들을 팽개치고 방치하고
발효된 약물로 마구 건드린
북풍한설 속 너를 걷게 하고
간신히 가동되는 너를
땡볕 아래 오래 페달을 밟게 한
죄 크다

너는 있고 나는 없는
너를 방기(放棄)하고 비운 시간 많았다
너 혼자 갈 수 있는 곳이 늘고
너는 가 있는데 나는 빠져나온
비굴한 시간들
참으로 송구하다

해설

사랑과 평화와 희망의 시집

—김만수 시선집, 『나의 수많은 근처들』을 읽고

김용락(시인)

1.

김만수 시인은 영혼이 맑은 사람이다. 그 근거는 그의 시언어가 투명하고 아름답기 때문이다. 내가 개인적으로 부르는 호칭인 '만수 형' 하면 우선 동해안의 세계적인 제철도시인 포항과 수심 깊고 푸른 청정 동해바다가 떠오른다. 언젠가 본 새벽 동해바다의 일출은 그 붉고 장엄한 빛과 형태로 얼마나 장관이었던지 오랫동안 잊히지 않는다. 그러나 동해바다는 언제나 푸르고 평화로운 모습만은 아닌 듯하다. 화가 나면 맹렬한 기세로 뭍을 할퀴는 태풍과 성난 파도 같지만, 곧 언제 그랬냐는 듯한 평온한 얼굴로 아름다운 풍광과 바다 속 깊이 많은 어류를 키우는 모습은 인심 넉넉한 포항 사람들 같다. 한번은

남해 바닷가에 사는 한 시인이 동해를 보고 싶다고 해서 안내한 적이 있는데 감포, 구룡포, 포항, 강구를 거쳐 가는 동해바다는 수심이 매우 깊고 물이 맑아 주변 경관이 아름다워, 다도해 남해바다와는 다른 독특한 아름다움이 있다고 경탄하던 게 떠오른다.

포항지역에는 지난 1980년대 중반부터 외부인의 눈에는 포항문화의 르네상스라고 불림 직한 활발한 문화운동과 지역운동이 있었다. 고인이 된 아동문학가(소설가)인 손춘익 선생과 김정구 시인을 비롯해 김만수, 김종인, 최부식, 차영호, 이종암 시인 등과 소설가 이대환, 아동문학가 김일광 등등이 《포항문학》《이웃과 시》《포항연구》 등과 같은 매체를 중심으로 문학운동과 지역발전을 위한 지역운동이 왁자지껄 활기를 띠었던 적이 있다. 말하자면 문화운동이자 지역운동인 셈인데 이런 운동을 통해 당시 젊은 문학인들이 청춘을 불살라 지역문화의 발전은 물론이고 한국 사회 전체 민주화운동에도 기여한 바가 컸다.

이 당시 나도 앞서 언급한 선후배들과의 개인적인 인연으로 포항의 문화행사에 이따금씩 참여했는데 이때 처음 '과메기'라는 것을 먹어봤다. 겨울 해풍에 꾸덕꾸덕해진 과메기와 막 건져 올린 싱싱한 물미역으로 곁들여 마신 소주 맛은 잊기 어려운 별미였다.

고향이 포항인 사람도 있고 외지에서 흘러 들어온 객지인도 있었지만 이들이 함께 청춘을 바처 열심히 시를 쓰고 문학 운동을 한 인물 가운데 핵심적인 한 사람이 김만수 시인이다. 애초 김만수 시인은 포항사람이다. 포항에서 태어나서 성장하고 잠시 대학을 외지에서 다니고 난 후 다시 포항에 돌아와 평생 중·고교 교사로 지내다가 교장으로 은퇴했다. 그러니 모든 일에 그가 중요한 역할을 할 수밖에 없었다.

'모든 인간은 태어나면서부터 자신의 의지와는 무관하게 특정한 생산관계에 진입하게 된다. 이러한 생산관계의 총체적 토대가 사회의 경제적 구조를 형성하며, 이 토대 위에서 법적, 정치적 상부구조가 발생하고 사회적 의식은 이 토대에 상응한다'(『정치경제학 비판』 서문)는 구절은 변증법적 유물론의 테제로 오랫동안 작동해 왔다. 이 상부/하부구조론 테제에 대해서는 역사적으로 여러 철학적 논쟁과 해설이 분분하지만, 하나 분명한 것은 사람은 태어나면서부터 그 사회의 생산관계나 공간, 시대, 언어 등과 같은 환경에서 결코 자유롭지 못하다는 사실이다. 근래에 와서 유전자 DNA의 중요성을 말하는 학자들도 없지 않지만 그것 못지않게 환경이 더 중요하다는 게 학계의 중론이기도 하다.

사람은 태어나면서부터 부자와 가난뱅이로 구분되고, 교육을 많이 받은 고학력자와 저학력자로 나뉘고, 사무노동자와 공장노동자로 분리되면서 사회를 구성하고 각 개인은 그 속에서 하나의 경제단위로 존재하게 된다. 역사적으로도 거의

예외 없는 인간의 사회적 존재 양식이다. 이런 가운데 각 개인들은 성장하면서 주체적 의지를 갖게 되고 그것을 바탕으로 어떤 이는 돈벌이에 몰두해 부자가 되고, 어떤 이는 물질보다 영혼의 작업인 문학예술에 관심을 갖고 시나 소설을 선택하게 된다. 이 선택에는 개인의 경험이나 가치관, 종교와 같은 이데올로기가 영향을 미쳤을 것이다. 사정이 이러니 포항 토박이 출신 김만수 시인이 포항에서 진행됐던 문화운동의 중심에서 큰 역할을 한 것은 당연지사처럼 보인다.

김만수 시인의 이번 시선집에는 그의 사회적 존재 현실을 반영하듯이 '나의 수많은 근처들' 가운데서도 유독 '바다'와 '학교' '가족'에 대한 시가 눈에 많이 띤다. 이것은 어떻게 보면 당연한 일이다. 시인의 시안(詩眼)으로 바다라는 절대적 대상을 어떤 가치와 철학을 투사해 보든 그 방법론과 관계없이 그가 자신의 외부환경을 구성하는 공간으로부터 결코 자유롭지 못하다는 사실을 말해준다. 그런 점에서 시는 철저히 사회적이고 구체적인 삶과 역사의 부산물이라는 사실을 다시 한번 확인하게 된다.

시인으로서 김만수는 1987년 계간지《실천문학》을 통해 등단한다. 이 잡지는 알려진 바처럼 1980년대 당시 한국 문단에서 문학운동과 사회변혁운동의 최 전위 매체였다. 서울에서 보면 먼 어촌 시골에 불과한 포항에서 당대 최고의 잡지로 등단했다는 사실은 그의 문학적 저력에 신뢰를 보내도 된다는 증표이기도 하다. 역시나 다를까 그는 장편서사시 「송정리의 봄」을 발표하여 일약 문단의 주목을 받는다. 나도 읽은 지가 30년이 넘어서 기억이 아슴아슴하지만 돌이켜 상기해 보면 과거 포항지역의 대송면 송정동이라는 곳에 1968년 포항제철이 건설됨으로써 산업화 과정 중에 삶의 터전에서 쫓겨난 이주민들의 아픔과 산업화로 겪게 되는 이농민들의 고향 상실과 정신적 본향 상실에 대한 시였다.

한국 사회는 지난 1970년대 본격적인 산업화 시대에 돌입하면서 전국 곳곳에 공장과 댐을 건설함으로써 많은 이주민들이 발생했고, 이들의 부랑하는 핍진한 삶이 문학의 중요한 소재가 되어 70년대 이후 한국문학의 주류가 됐던 민중문학, 민족문학의 모태가 된 것은 널리 알려진 사실이다. 김만수 시인의 이번 시선집 『나의 수많은 근처들』에 나오는 「백화에게」, 「다시 삼포」 등은 70년대 민중문학의 거장 황석영의 명작 「삼포 가는 길」과 문학적 연관이 있는 작품이다. 김만수의 '송정리'와 황석영의 '삼포'가 언급된 김에 이야기를 더 해보면 나는 문학적으로 포항을 생각하면 '몰개월'이라는 지명을 잊지 못한다. 역시 황석영의 단편 「몰개월의 새」(1976)에 나오는 이름이다(몰개는 모래의 경상도 사투리다). 이 몰개월은 현재 포항 남구 청림동과 동해면 어디쯤 바닷가라고 한다. 나는 그 소설의 여운을 느끼려고 일부러 이 근처를 몇 번 가본 적이 있다.

이 소설은 가난한 도시 빈민이나 농부의 아들, 딸이 주인공이다. 돈 벌기 위해 베트남전쟁에 용병으로 끌려가는 병사와 돈 때문에 흘러흘러 떠돌다가 최하급 몰개월 술집 작부가 된 미자가 죽음을 앞에 두고 벌이는 순정적인 연애와 사랑은 인생의 짙은 페이소스를 느끼게 한다. 아울러 사랑의 본질과 기존의 인간의 도덕과 윤리에 대해 많은 생각을 하게 했다. 몇 년 전 나는 K-CULTURE(한류) 사업을 위해 베트남 남부지역 붕따우라는 곳을 공무(公務)로 방문한 적이 있는데 그곳은 한국의 포항시와 자매결연 도시라고 했다. 베트남전 때 한국의 청룡부대 주둔지라는 인연으로 포항시와 결연을 맺었다고 했다. 20세기 제국주의 침략전쟁으로 상처 입은 곳이 전 세계 곳곳에 존재한다. 문제는 이런 제국주의 침탈이 변형된 모습으로 현재도 전 지구적으로 진행되고 있다는 점이다. 이 시선집에 실린 「후산압도」, 「욤 키푸르—열두 살 모하메드」, 「제노사이드」는 이런 상황을 극적으로 보여주고 있다. 문학의 힘은 이런 것인지도 모른다. 단순한 '송정리' '몰개월'이라는 단어조차도 우리에게 이렇게 많은 것을 가르쳐주고 있다. 이러한 '문학'이라는 과정을 통과하면서 인간은 보다 인간다워지면서 인간의 존엄에 대해 점차 깨달아 가는가 보다.

2.

김만수 시인은 등단한 지 36년 된 한국 시단의 중견 시인이다. 지금까지 첫 시집 『소리내기』를 비롯해 모두 10권의 시집을 냈다. 대략 3년 반에 한 권의 시집을 낸 것으로 보아 창작에 매우 열성적인 시인이라 짐작할 수 있다. 교단에서 아이들을 가르치면서 결코 적지 않은 시집을 낸 것은 그의 문학정신의 충일성뿐 아니라 자신의 삶 자체에도 치열했다는 사실을 반증하는 표시이다. 시집을 낼 때마다 매번 한국 시단의 화려한 스포트라이트나 열렬한 지지를 받은 것은 아니지만, 그렇다고 수준이 떨어지는 시집을 자기 염결성 없이 마구 낸 것은 더욱 아니다. 나도 그간에 시인이 낸 10권의 시집을 시인의 호의로 다 읽은 바 있지만 아름답고 수준 높은 시집을 꾸준히 내온 시인의 시에 대한 애정과 성실성에 경의를 표한다. 소위 중앙문단에서 멀리 떨어진 지역에서 쉬지 않고 시업(詩業)의 밭을 일구어 가는 이런 자세야말로 지역 문학 발전의 중요한 주춧돌이며 중앙일변도의 문화 현실에 강력하게 저항하는 문화분권의 중요한 전거라고 생각한다.

이번 시선집에서 보여주는 시의 형식적 특성은 대부분 시편이 20행을 넘지 않는 전통적인 단아함이다. 언어의 절제와 축약을 통해 지나친 상상력의 비약을 통제하면서 아름다운 서정성으로 독자들의 정서적 반응을 유도하고 있다. 요즘 우리 시단의 일부에서 보이는 이해하기 어려운 난해함이나 참기 힘든 장광설을 철저히 배제하고 있다. 이런 시적 태도 역시 '시는 곧 도(道)와 같다'는 도학자들의 수행 정신과 같은 점도 김만수 시인이 교육자와 개신교회 장로 직분의 종교인이라는 사실과 연관이 있는 게 아닐까 추측해 본다. 전체적으로 서정시가 이 시선집의 중심이다. 알다시피 서정시란 시인의 주관적인 감정을 시적 대상물에 투사시켜 비유를 통한 형상화, 상징 등으로 독자들의 감동을 자아내는 시적 방법이다.

이슬처럼 머물다
먼 강물 소리에 묻어가는
그대를 따라갑니다
사랑은
아슬한 굽이마다 내걸린
희미한 등롱이었지요
그대 사랑하는 저녁을
여기
마디마디 새겨 보냅니다
청댓잎 새순으로
다시 피어오르시어
푸른 마디마다 매단
눈물방울들
보십시오

—「목간(木簡)」 전문

산역(山驛)

눈보라 속

자욱한 눈바람 밀며 오는

엔진 소리 들리면

오래 서 있던 숲정이 갈피마다

창을 내리고

등불 하나씩 내겁니다

누군가 전설이 새겨진

하얀 꽃잎을 건네며

사부자기

순은(純銀)의 단추를 여미는 밤

가지 끝마다

기차는 와 닿아

세상을 향해

환한

개찰구 엽니다

—「목련 기차」 전문

인용한 시 「목간(木簡)」과 「목련 기차」는 두 편 다 투명하고 맑은 서정성으로 빛난다. 목간은 종이가 발명되기 전에 나무에 새긴 편지를 말한다. "사랑은/아슬한 굽이마다 내걸린/희미한 등롱이었지요"라고 시적 화자는 말한다. 생의 아슬한 굽이에 걸려 외롭거나 슬플 때 사랑은 희미한 등롱처럼 빛나면서 그를 위로하는 것인지도 모른다. 그리고 목간에다가 "그대 사랑하는 저녁을/여기/마디마디 새겨 보냅니다"라고 말할 때, 사랑은 우리의 삶을 비추고 행복으로 이끄는 등(燈)이 된다. 그래서 사랑이여 청댓잎으로 다시 피어나 슬픔과 서러움의 눈물을 봐 달라는 기원의 시가 된다. 그 사랑의 기도를 목간에다 새기고 있는 시라고 볼 수 있다. 그런데 여기서 목간은 어찌 보면 먼 강물 소리에 묻어 따라가는 시적 화자의 마음인지도 모른다.

「목련 기차」는 목련이 피는 장면을 기차에 비유하고 있다. 그런데 그 비유가 서정적이고 아름답다. 눈보라 치는 산역은 상상만으로도 시적 감동이 물밀듯이 밀려와 풍요롭다. 눈보라를 헤치고 달려와 순은의 등불을 다는 목련은 얼마나 아름다운가? 어쩌면 우리 인생이 그런 것인지 모른다. 힘듦과 곤경의 눈보라를 헤치고 달려와 마침내 목련꽃 같은 환한 꽃 하나 피우는 것이야말로 인생의 지난한 진면목이자 목표인지도 모른다. 이 시는 표면적으로는 목련을 이야기하고 있지만 심층적으로는 눈보라 속을 달리는 기차와 같은 우리들의 삶을 이야기하고 있는 것이리라.

아무것도 아닌 것들

여기저기 내몰리며 바람구멍 숭숭한데
아무렇지도 않게
다시 가을이 간다
여름 내내 취우(驟雨) 맞으며
아무것에 대해 떠올리다
웅그린 얼굴로 주저앉은
바보여뀌를 생각한다

아무것도 아닌 것을 일으켜 세우고 함께
가득 아무것도 아닌 것이 되어가고
편안해지는 즈음
세상은 아무것도 아닌 것에 대해
아무렇지 않게 여기고
조금씩 너그러워지거나
무관심해지고 있는 것을 안다

아무것도
아무것도 아닌 모든 것들이
늦은 비에 젖고 있다
한때는 제법 아무것인 척했지만
그때마다 버려져 서성이는 저녁이
쇄골에 고여 드는 희한한 소문들이

반짝 보였을 뿐
그대로 편안하고 아무렇지 않게
아무것도 아닌 것으로 남아 있다

—「아무것도 아닌 것에 대하여」 전문

나는 잘 소비되지 않았다
신화가 얽혀지던 불의 축제
뜨거운 페이지 뒤란에서
젖은 나무토막으로 웅크린 시간들
비치지 않았으므로
반사되지 않았고
읽히지 못했다

사소한 서사에도
밀려났다 캐스팅되지 못했다
햇살이 낮게 굴러와 죽었다
찰방거리는 물길을 만들며 빛이 사랑이
번질 거라 믿었다 거짓이었다
수없이 개복하고
길을 만들고 성을 쌓았다 늦은 나무를 심었다
아무 소리도 들리지 않았다 성 위에는
찢긴 깃발이 더 깊이 죽었다

나를 떠메고 가는 내가 보였다

—「쉰」 전문

숙주도 없이 돋아났던 독초
잘 가라 청춘
쓸쓸히 아름다웠던 껍질 영혼아
직선들 뻗어가는 곳에 너는
자주 붉고 네모난 눈설레로 휘몰아치고
넘어야 할 영(嶺)을 비껴
바다에 가닿는 허상이었어
지워지지 않는 자국을 새기고
화염 속으로
거친 눈발 속으로 내몬
허깨비불 같은

이제 자국눈 내리는 길에 서서
그대의 발자국을
가만히 보내고자 한다
잘 가라 청춘
지독한 매독 같은
통증아

—「불꽃」 전문

나는 김만수 시인이 신앙심 깊은 개신교 장로라는 사실을 알고 있지만 위에서 인용한 시「아무것도 아닌 것에 대하여」, 「쉰」,「불꽃」 세 편에서 불교의 공(空) 사상을 느낀다. 물론 기독교 장로라고 해서 불교에 관심이 없다고 할 수는 없다. 그가 진정한 종교인이라면 모든 종교에 대해 열린 태도를 취하고, 또 상대 종교에 대해서도 아는 것이 중요하다. 범박하게 말하자면 불교에서 공(空) 사상은 이 세상의 모든 물체는 그 본질적인 고정된 품성인 자성(自性)이 없고 인연에 따라 잠시 존재가 됐다가 인연 법칙이 다하면 없어지는 무(無, 空)의 상태로 된다는 것이다. 그래서 색즉시공, 공즉시색(있는 것이 없는 것이고, 없는 것이 있는 것)이라는 반야심경의 중요한 구절이 있는 것이다. 비유로 말하자면 하늘의 구름은 기후의 영향으로 생겼다가 바람이 불면 흩어져 없어지는 원리와 같은 것이다. 인간의 존재나 사회적 관계도 이와 같다고 할 수 있다. 그래서 집착에서 벗어나고자 하는 것이다. 집착이 없는 마음의 상태가 극락이요 천국인 것이다.

서양의 어떤 철학자는 '인생은 인정 투쟁이다'라는 말을 한 적이 있다. 쉽게 말해 나의 존재를 타인에게 인정받는 투쟁의 연속이 인생이라는 의미이다. 공감이 가는 주장이다. 우리는 누구나 타인들로부터 존재감을 인정받고 싶어 한다. 한때 우리나라 최고 기업의 캐치프레이즈가 '세상은 2등을 기억하지 않습니다'가 있었다. 그러자 거기에 반발해 '1등만 기억하는 더러운 세상'이라는 반어가 횡행한 적이 있다. 사람은 누구나 1등 하고 출세해서 다른 사람에게 인정받고 그들 위에 군림하고 싶어 한다. 성경에는 예수가 제자들에게 '최고가 되고 싶으면 꼴찌가 되어 남을 섬기라'는 당부가 있다. 예수의 말씀을 믿는 사람이라고 해서 진짜 꼴찌가 되고 싶은 사람은 드물 것이다.

「불꽃」에서 "잘 가라 청춘/쓸쓸히 아름다웠던 껍질 영혼아"라고 하면서 '허상' '허깨비불' 같았던 청춘의 발자국을 눈 내리는 길에 보내면서 "지독한 매독 같은/통증"을 느낀다. 「쉰」에서는 "나는 잘 소비되지 않았"고 "읽히지 못했다"고 고백하면서 "찢긴 깃발이 더 깊이 죽었다/나를 떠메고 가는 내가 보였다"고 고백하고 있다. 이 두 편의 시에서 느낄 수 있는 시적 화자의 심리상태는 열패감과 좌절감이다. 우리는 누구나 어떤 직종에서 무슨 일을 하던 간에 청춘을 지나면서 이와 같은 심리상태에 한 번씩은 직면하게 된다. 이러한 일련의 감정의 흐름을 겪다 보면 자신의 존재 자체를 부정하게 되는 절망감에 빠지게 된다. 이런 심리상태가 극적으로 나타난 시가 바로 「아무것도 아닌 것에 대하여」이다.

지나고 보면, 혹은 생각을 바꾸면 아무것도 아닌 것이 어떤 한때는 그것만이 유일하고 그것만이 목숨보다도 더 절실한 것이 있다. 사랑이 그럴 수 있고, 돈이 그럴 수 있고, 세속적인 부귀영화가 그럴 수 있을 것이다. 그러나 우리가 어떤 한 경지에 다다르면 그것은 아무것도 아니고 그것에 대해 너그러워지고 무관심해지는 것이다. 이런 상태를 불교에서는 해탈의 경지라고 말한다. 삶이 공인 것을 깨닫는 것이다. 그것을 시인은 다음과 같이 "아무것도 아닌 것을 일으켜 세우고 함께/가득 아무것도 아닌 것이 되어가고/편안해지는 즈음/세상은 아무것도 아닌 것에 대해/아무렇지 않게 여기고/조금씩 너그러워지거나/무관심해지고 있는 것을 안다"고 말하는 것이다. 앞서 세 편의 시가 인간의 실존과 상처, 존재와 무에 관한 깊이 있는 시라면 다음 두 편의 시는 사회·역사적인 시이다.

천국에 이르는 길은 멀지 않다
후산압도
장약으로 두른 폭탄 조끼 걸치고
수천수만의 압도로 다시 태어나기 위해
붉은 먼지 속으로 걸어가는구나
저 자본의 성벽을 향해

젖과 꿀이 흐르는 맨해튼에도
골란고원에도 없다 압도
흙 벼랑에 뜬 달에 대해
거기에 흘러내린 선지자의 피에 대해 가르쳐준 랍비는

허물어지는 아침 내내 말없이
파리를 잡고 있다

어린 당나귀들이 밟고 다니는 팔레스타인
아침마다 아버지의 무르팍과 손바닥에 달라붙어 있는
팔레스타인
저리 붉은 순례의 깃발 끝없이 몰려가는
팔레스타인 팔레스타인
어디에도 희망이 있고 희망 없는
저 깊은 성벽을 향해
거기에 박힌 수많은 총구를 향해 걸어가는
최후의 무슬림
후산압도

—「후산압도」 전문

골란고원으로 날아가 버린 매가 보고 싶다
가자언덕 너머 흙먼지가 일면
동예루살렘 동녘 아버지의 땅이 흔들리고
무화과 푸른 잎이 우우우 떨어진다
광야의 새해 첫날
축포처럼 터지는 불꽃 로켓탄에서
용서와 화해의 연기는 피어오르고

아! 내 가슴의 허파와 왼쪽 등짝을 뚫고
지나는 뜨거운 성전(聖戰) 나사못 하나

이웃집 털보아저씨네 이쁜이 사라 압델 하크가
신전 언덕 열린 창틀로 밖을 내다보다
젖니를 다 갈지 못하고 바람으로 가버린 마을 뒤로
족장들과 랍비들, 내 잠시 깃들었던 얇은
집을 메고 가며 울겠지
씨엔엔 혹은 프랑스티브이 카메라 앞에서 분노하겠지
터번처럼 칭칭 감기는
세상의 율법과 정의와 밥을 위하여

무화과 언덕 너머 자욱이 먼지가 일면
성소(聖所) 높이 날아올라 방공호로 나를 밀어 넣어주던
날개 어린 매
모세가 보고 싶다
욤 키푸르

—「욤 키푸르—열두 살 모하메드」 전문

「후산압도」, 「욤 키푸르—열두 살 모하메드」 이 두 편의 시를 이해하기 위해서는 중동지역의 역사를 알 필요가 있다. 그

러나 이스라엘과 아랍권의 갈등은 오랜 역사를 가지고 있어서 쉽게 이해하기 힘들다. 이 지역의 역사적 굴곡을 어느 정도 알고 있다 하더라도 입장이 이스라엘 편인가, 아랍권 편인가에 따라 사태를 보는 눈이 천양지차 달라질 수 있다.

AD 70년경 로마 황제에 의해 예루살렘이 멸망한 후 유대인들은 팔레스타인지역에서 쫓겨나고 그 이후 2천 년을 전 세계에 흩어져 떠돌다가 1948년 이스라엘 국가가 수립되면서 소위 중동지역은 세계의 화약고, 분쟁지역의 대명사가 된다. 이 과정에서 그 유명한 시오니즘, 디아스포라 같은 언어들이 탄생하기도 한다. 골란고원을 두고 시리아와 이스라엘이 현재 적대적으로 대치 중이다. 이 지역은 이전에 영국과 프랑스의 식민지로 그 영향 아래 있었었고 지금은 미국의 강력한 영향력 아래 있다. 다시 말하자면 2차 대전 이후 변형된 제국주의들이 여전히 세계 전역에서 각축 중이다. 여기에는 미국을 비롯한 여러 나라의 군수산업체, 금융기관 등과 같은 복잡한 정치·경제적 이해관계가 얽혀 있다. 거기다가 종교까지 합세한 형국이다.

시인은 이런 냉혹한 국제정세와 현실을 보고 "후산압도/장약으로 두른 폭탄 조끼 걸치고/수천수만의 압도로 다시 태어나기 위해/붉은 먼지 속으로 걸어가는구나" "어디에도 희망이 있고 희망 없는/저 깊은 성벽을 향해/거기에 박힌 수많은 총구를 향해 걸어가는/최후의 무슬림/후산압도"라고 16세에

불과한 팔레스타인 자살특공대 소년의 삶을 노래하고 있다.

「욤 키푸르—열두 살 모하메드」는 인용 문구처럼 속죄의 날이라는 의미로 서로 용서하고 화해를 추구하는 시이다. 골란고원, 가자지구, 동예루살렘 등에서 불붙고 있는 민족과 국가 간의 갈등과 반목에 대해 서로 용서하고 화해하면 얼마나 좋겠는가? 왜 하느님은 침묵하고만 있는 것인가? 이 세상에 대해 아무것도 모르는 어린 아이들인 16세 후산압도와 12세 모하메드가 왜 전장에서 죽어야만 하는가?

이 시는 테러와 전쟁과 같은 현실 국제정치와 이러한 처참한 살육의 현장을 보고만 있는 신(神)에 대한, 강력한 문제의식의 제기이다. 이 시는 사랑과 그리움, 일상의 아름다움을 서정적으로 노래한 미시담론의 앞의 시들과 달리 전쟁과 인류의 재앙에 관련한 거대담론의 시이다. 거대담론 시가 더 있다. 현재도 진행형인 우크라이나 전쟁에 대한 시이다.

아조프 대대가 비운 부차
제국 군단의 불꽃이 비처럼 덮쳐 왔습니다
유기견 보호소 앞에서
치칼로바 마켓 앞 횡단보도에서
쇼핑백을 든 엄마와 아이는
수숫대처럼 쓰러졌습니다
스와스티카 새겨진 아낙 배꼽 위로

핏물이 번졌습니다
구름 낀 하늘로 정교 사원 종탑에서
부활절 미사곡이 흘러나오고 있었습니다

푸른 평원
밀밭으로 가는 길에는
촛불도 없이 영혼들 떠나는
붉고 하얀 길이 생겼습니다
플라스틱 수갑에 뒤로 두 손이 묶인
수제구두 가게 주인 니콜라이 아재 곁에는
유순한 그의 아내와 딸이 엎어져
눈 뜨고 땅 하늘 응시하며
묶인 어깨들을 걸고 떠나갔습니다

사원의 첨탑 위로 걷는
우크라이나

하나님 걱정스런 얼굴 위로
정오의 햇살이 지나고 있었습니다

—「제노사이드」 전문

'제노사이드'는 집단학살을 뜻하는 그리스어이다. 현재 우크라이나 전쟁에서 벌어지고 있는 학살을 고발하는 시이다. 역사적으로 보면 독일 나치의 학살, 일제의 간토 대지진 조선인 대학살, 한국전쟁 전후한 민간인 학살, 캄보디아 킬링필드, 르완다 집단학살 등 이루 말할 수 없이 많다. 인류가 인류에게 자행하는 이 폭력적 야만을 우리는 어떻게 이해해야 하는가? 인류 지혜의 결정체라 할 수 있는 종교와 과학기술과 교육이 과연 무슨 의미가 있는가? 동족이 동족을, 동족이 이민족을 학살하는 만행이 21세기에도 이 지구상에서 버젓이 행해지고 있다. 이런 현실 앞에서 정의감과 양심 있는 사람이라면 절망하지 않을 수 없다.

이런 참혹한 현실 속에서 이 세계의 외딴 지역인 극동의 한반도 남쪽 대한민국 포항이라는 조그만 소도시에서 김만수 시인이 그 폭력적 현실의 절망을 고발하면서 평화와 희망을 갈구하고 있다. 이것이 양심이고 희망이다. 실핏줄보다 더 가늘고 바람 소리보다 더 약할지라도 한 시인이 진심으로 호소한다면 이 세상에서 희망이 전혀 없는 것은 아니다. 우리는 시인의 목소리에 귀를 기울여야 한다. 김만수 시선집 『나의 수많은 근처들』에 들어 있는 여린 사랑과 추억과 그리움과 희망은 우리 현실이 난폭하고 힘들수록 더욱 존재 가치가 빛난다. 시인의 정신이 금강석보다 더 빛나고 견고한 그 무엇이 되고 있다.

시인동네 시인선

나의 수많은 근처들

초판 1쇄 인쇄 2023년 9월 18일
초판 1쇄 발행 2023년 9월 25일
지은이 김만수
펴낸이 김석봉
디자인 헤이존
펴낸곳 문학의전당
출판등록 제448-251002012000043호
주소 충북 단양군 적성면 도곡파랑로 178
전화 043-421-1977
전자우편 sbpoem@naver.com

ISBN 979-11-5896-614-0 03810